アスリートのメンタルケア

選手の心の悩みケースブック

内田　直
編著

西多昌規
関口邦子
石原　心
著

大修館書店

はじめに

アスリートは、日夜競技力の向上を目指してトレーニングを積んでいます。これがうまくいっている時には、日々の生活は張りのあるものであり、日々の行動を自分が統制し、それが自分が現在取り組んでいる競技の向上にもつながることになります。このように、順風満帆で生活ができている時にはまったく問題はないのですが、この歯車の一つでもうまく回らなくなると、それをきっかけにいろいろなことがうまくいかなくなってしまうことがあります。

アスリートには、もちろん様々なタイプの人がいますが、メンタルの不調に陥ることがあるタイプには、規律を重んじ、自分で決めた規則通りに生活をするなかで、安定を得る人たちが見受けられます。そのようなタイプの人たちは、いろいろなことが規則通りにうまくいっている時には、それをしっかり続けることをやりがいの一つとしてうまく力強く歯車が回ります。しかしながら、ちょっとしたことで規則性が崩れると、柔軟性をもって建てなおすのが困難になることがあります。このような性格は、決して悪い性格ではなく、これによってトレーニングが効果的に行われ、高い競技力が保たれているという側面もあります。したがって、このようなタイプの人がメンタル面での調子を崩した時には、サポートが必要なこともあります。

規律という面では、スポーツに関連したことばかりでなく私生活も関連があります。例えば、家庭の経済的なこと、両親の不仲などは、若いアスリートにとっては、毎日の生活を送る上で、非常に大きな精神的負担になります。このような点も、アスリートのメンタルサポートを考える場合には注意をする必要があるでしょう。

このような、いわゆるメンタル面での問題の他にも、食事時間や、睡眠時間などの生活面もアスリートのメンタル面に大きな影響を与えます。練習にはちゃんと出てきて真面目にやるけれど、その他の生活面で問題があると、十分なトレーニングや競技力の発揮ができません。これは、必ずしも遊びまわっている、不真面目な生活をしているという意味ばかりではなく、経済的な意味で他の仕事もしなくてはならない、毎日の移動が長距離で非常に時間がかかる、というようなことも含まれます。

このように、アスリートを取り巻く様々なことがアスリートのメンタルコンディションに影響を与えているわけです。実際に、メンタルの不調を訴えるアスリートに接してみると、このような様々な側面のどこかに原因がある場合が多くあります。一方で、アスリート自身はその問題と競技力の関係については、必ずしも気づいていないこともあります。したがって、実際のスポーツカウンセリングは、選手の生い立ちやスポーツと直接には関係のないと思われることにまで話題を広げて、最終的にはアスリートが競技に集中し、競技力を向上できることを目指して行われることとなります。

本書で示したケースは、すべて架空の症例です。しかし、どの症例もスポーツカウンセリングの場面で見られる、様々なエッセンスを含んでいます。それらのエッセンスは、個別の症例にだけ見られるものではなく、多くの症例に共通して見られるものです。したがって、このケースブックを読めば、アスリートのどのような面に気をつけて、メンタル面での不調に取り組めばよいかのヒントが得られるでしょう。

また、ケースの中には、精神科・心療内科疾患も含まれています。「こころ」の治療は必ずしも「こころ」の問題だけを考えるのではなく「からだ」のことも考える必要があるからです。アスリートの場合は、そういった側面もより注意が必要です。

このケースブックは、必ずしも「カウンセリング」を行う人たちを対象にしたものではありません。アスレティックトレーナーや教員、中学、高校、大学などで監督やコーチをしている人たちも、このような問題に出会うことが多くあると思います。そういった人たちが、メンタルの不調を呈しているアスリートの問題の核心をつかみ、再び高い競技力を発揮できる方向に導いていただける参考になればと願って本書を企画しました。執筆者たちも、それぞれの分野で活躍している人たちばかりです。本書が多くの人たちに読まれ、競技力向上の助けに少しでもなれば幸いです。

2020年2月

内田　直

目次

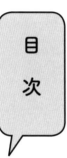

第1章

コーチの言葉を素直に聞けなくなった
——思春期アスリートの悩み

ケース①

中学2年生の友子は柔道の選手で、兄と一緒に3歳から柔道を始めた。

道場の先生（男性）は、友子を半ば親のような気持ちで成長を見守りながら指導をしてきた。友子も先生が大好きで、小学校から帰って、道場に行くとまず学校であったことや家でのことを話すことが習慣のようになっていた。友子の母もそんな友子の姿を見て、すっかり先生を信頼し、娘を預けていた。家でも兄と仲良く遊ぶことが多く、手伝いもしてくれるので、手のかからない子だなと思って育ててきた。

中学に入ってから、友子は最近、先生がどうして自分のことをいろいろと聞いてくるのか、そんなに自分にかまってほしくない、と思うようになってきていた。家で「先生が、友だちと話してると『何話してるんだ?』と聞いてきたり、学校での様子を聞いてきて嫌なの!」と言うようになっていた。母は、あんなに大好きだった先生のことをそんなふうに言うなんて、どうしたのかと心配するようになった。家では、小さい頃と変わらず学校や道場での楽しかったこと、面白かったこと、辛かったことや悲しかったことを話してくれていたが、時々「別に……」「そんなんじゃないし……」「普通……」とだけ言い、それ以上質問してもはっきり答えないことが増えてきていた。また、理由もなく「今日は道場行きたくないな……」と言うことも時折あった。

そんな頃、稽古の時間になっても友子が道場に来ていないということで、先生から家に電話が入った。大事な試合前の練習日だった。もちろん家にもまだ帰っていなかった。母も心配になり、近隣を探し回ったところ、公園にいる友子と同じクラスの友だちを発見した。母が理由を問いただすと、友子は「話し込んじゃっただけだよ!」とキレ気味に言うのだった。母はその態度が気になり、次の日にもう一度聞いてみると、最初にその友だちが「相談事があるから聞いて」と話をもちかけてきたのだった。友子としても大事な試合前の練習日だとわかっていたので迷いはあったが、大切な友だちの悩みも聞いてあげたいという想いが勝り、公園で時間

を忘れて話し込んでしまったということを話してくれた。
最近は、今回のように練習よりも友だちとの関係を優先しようとしたり、「別に」「普通」といった日々の受け答えの様子から、母も友子の変化を感じていた。先生は「今は友だちより練習だ！」と友子に〝はっぱ〟をかけているようだが、今一つ柔道に身が入っていない。母親が「どうして大事な試合の前なのに、練習に行かないの？」と友子に聞いても「もー。うるさいなぁ」とかわされるだけだった。先生としても、とても大事な時期だけにどのように友子を理解し、導いていけばよいのか途方に暮れるような想いでいるのだった。

ポイント解説①

友子は思春期真っ盛りの時期と言えるでしょう。
思春期は〝嵐の時期〟と表現されるほど、身体とこころの急激な変化を体験している時期です。身体の変化は第二次性徴と呼ばれ、男子であれば性器の変化や声変わり、女子であれば胸がふくらんだり、初潮を迎えるという変化が起こります。

一方、思春期の心理的な特徴とは、そういった身体的な変化と時期を同じくして自分や他者、あるいは両者の違いに目が向き、「自分とは何者なのか（アイデンティティ）」を考え始めることにあります。そして、両親からの精神的自立の開始という大きなテーマを生きる時期でもあります。この頃の親からの自立過程は、本質的に乳幼児が親から離れていく過程ときわめて類似していると言われています。乳幼児においてはヨチヨチ歩きの幼児が母親の居所を気にしながらも、新しく経験する世界に熱中しては、母親のところに戻ってきて安全を確かめます。それを繰り返すうちに母親がいなくても安心して一人でいられるようになっていくという過程を経ます。

☑思春期のアスリート

思春期の子どもたちも親・親代理（コーチや指導者）［以下、親］と距離をとり、理想化してきた親の価値観に疑問を持ち始めます。そしてこの頃は「お母さんはいちいちうるさい！」と言ってみたかと思うと、「ねぇ、お母さーん」と甘えた声でくっついてきたり、それと同じように指導者に対しても「あの指導はない！」と否定していたかと思えば「さすが先生！」と

親に甘えたり、文句を言ったり、気持ちがコロコロ変わる

言うなど、その時々で気持ちがコロコロと変わるため、周囲の大人たちは思春期の子どもたちの揺れに振り回されるような気持ちになることもあるでしょう。このように親離れが進む一方で、〝甘えなおし〟とも言うべき、親子の一体感を求める動きが見られることがあります。つまり前に進んでいくためには時々後退して安定感を得ることによってエネルギーを充電し、再び前進していくのです。

しかし、児童期（小学生）まで愛情の対象であった親とのきずなを断ち切って真に分離し、自立していくまでのしばらくの間、つまり思春期の頃は、宙ぶらりんの状態に耐えねばなりません。その不安感、心細さに耐え得るために親に代わる依存対象として友だちがきわめて重要な存在となります。この友だちは、「自分とは何者なのか」ということを考える時にも重要な役割を果たし、友だちという存在を鏡にして、自分を見直したり、自分らしさを発見していくことになるのです。

☑今回のケースは

友子の場合に置き換えてみますと、親代わりとも言えるべき先生と良い関係を築いてきていました。しかし、思春期を迎えてからというもの、先生からの関わりを嫌がるようになっています。それは自らの身体の変化に伴い、女性になりつつある自分への意識も高まり、先生へ性的な嫌悪感も芽生え、また真に自立するために「分離」「否定」し始めていると言えるでしょう。これが一般的に言う〝反抗期〟の〝反抗〟と受け取られる行動です。特に身体接触のある競技では、性意識が芽生えるこの時期は、性に配慮した関わりも求められるでしょう。指導者側に一切の性的感情がなくとも、小さい頃と同じように接していると問題になることもあり得ます。また悲しいことですが、指導者側が師弟関係の嫌とは言えない関係性を巧妙に使って選手にセクシャルハラスメントを行うケースにも出会うことがあります。結果として選手が大きく傷付き、深刻な問題に発展することもありえます。

大事な試合前の練習よりも友だちを優先してしまったことは、友子にとっては親や親代理という依存対象から少し離れ始め、別の依存対象を見つけているということになります。これは、一方向から見れば練習をおろそかにしていると思われるでしょうが、思春期の子どもが成熟した大人になっていくため、ゆくゆく人生のパートナーを見つけていくためには必要なプロセスであり、適切な成長のプロセスを歩んでいると言えるのです。友だちを大切にしたい気持ちを汲みながら、それでもなお試合前の練習の意義を友子自身が理解し、選択していけるような声かけができるとよいのではないでしょうか。

思春期はその時期を生きる本人も、周りで支える大人たちにとっても非常に大変な時期です。思春期の子どもたちにとっては、親は時に「うざい」存在であるでしょう。しかしこの不安定な時期を乗り切るにあたり、友だちの存在や空想の世界（熱狂的に歌手に憧れたりすること）では不十分な時に、「親、特に母親からの情緒的な支持に頼れるという究極の安心感が得られるかどうか」が重要であると言われています。つまり、児童期までは困った時には直接的に親は子どもをサポートしてきましたが、思春期には、「いざというとき、困った時には親のサポートがあるのだ」という安心感が大事であるということ、逆説的には思春期までにこの安心感をもてる関係をつくっておくということも大切になります。

友子の思春期特有の反抗的な態度や友だちとのあり様をこころの成長の証として捉え、そういった揺れを周囲の大人は大きな枠組みで捉えるとともに、枠組みを外れる危険な行動、例えば薬物や非行については毅然と対応し、これまでの環境を見つめ直すということが求められるでしょう。

☑子どもたちへの期待と応援

最後に、思春期のアスリートたちの相談を受けていると、親や指導者の期待に押しつぶされ、自分を見失いそうになっている事例によく出会います。しかしながら、期待されることは子どもたちにとっては嬉しいことでもあるため、何とか期待に応えようともがき続け苦しんでいる子どもたちがほとんどです。親たちの成し得なかったことを代理で果たさせようとしていないか（代理達成）を、私たち大人は自分自身を顧みながら、子どもたちの応援を続けていきたいものです。

（関口邦子）

第2章

進学後の環境の変化に戸惑った

――新人アスリートの悩み

ケース②

志帆は、地方の県立高校のバレーボール部員である。高校バレー界では有名な教員が監督をしていて、名門校と言われている。志帆は競技力が優れているだけでなく、部員を統率する人望があった。また、勉強も一生懸命やるタイプで、いくら練習が厳しくても学校で与えられた課題は、夜遅くまでかかっても必ず仕上げて登校する。学校の成績も上位であったが、決してそのことを鼻にかけるタイプではなく、周りの人たちへの配慮もでき、クラスでも部活でも人気者である。

志帆の父親は地元に企業に務めるサラリーマンで、仕事は忙しいようであったが、週に何回かは家族と一緒に夕食をとる。母親は、昼間はパートの仕事をしていたが、夕方には家に戻って、夕食の支度をし子どもたちの帰りを待っていた。2歳下の弟と3歳下の妹がいるが、志帆とは仲がよく、小さい頃はよく世話をした。

◉インターハイで完全燃焼

高校2年生で迎えたインターハイのベストエイトをかけた試合は、志帆にとって大きなものだった。3年生に有力な選手が揃っているなか、セッターの志帆は2年生ながらレギュラーとして、その高い能力でチームを支えている。チームは順調に勝ち進み、選手たちの気合いも十分に保たれていた。

試合は、両者互角の展開になった。第1セットは、競り合いの末に志帆たちのチームがとった。これで勢いに乗れるかと思ったが、第2セットになりミスが目立ち始めた。相手の集中力も相当なものである。セッターとしての志帆の役割は大きい。相手のブロックを見ながら、アタッカーの先輩が点を決めやすい位置にボールを上げなければならない。志帆には自信があったが相手のブロックも高く、簡単に味方のスパイクは決まらない。一進一退の展開になったが、デュースの末に相手チームがセットをとり、セットカウントは1—1になった。第3セットは、

どうしたことか志帆たちのチームの連携が乱れ、志帆のトスもキレが悪い。相手にどんどんスパイクを決められ、25点を簡単に許してしまった。ベンチに戻ってきた志帆たちに、監督が落ち着いて力を出すようにと声をかける。厳しい中にも優しさを感じ、志帆は頑張ろうという気持ちになった。

しかしセットカウントは1―2である。相手にもう1セットとられたら負けという、精神的にも苦しい状況になった。第4セットになると、さすがに疲れも出てくるが、もう後がない。そのセットの序盤は、志帆たちのチームがリードする。しかし、次第に相手のスタミナが勝り、一進一退の展開になったところで志帆にサーブが回ってきた。ここで何とか決めたい、そういう気負いがあったのかもしれず、サーブフォールトとなってしまった。監督がタイムアウトをかけ、落ち着いてプレーをするように指示を出す。志帆は落ち込んでいたが、監督は次を考えて切り替えようと、声をかけてくれた。タイムアウトの後は、切り替えができ、チームの動きも良くなってきた。志帆のトスが決まりだし、トスフェイントでの点も決まる。セットカウントは2―2となり、いける！　という気持ちで最終セットを迎えた。最終セットは15点ゲームである。勢いに乗っていた志帆のチームは、そのセットで相手を圧倒し試合を制した。大きな喜びが志帆の中に満ち溢れていた。

その後、決勝まで勝ち進むことはできなかったが、志帆の活躍が、チームを導いていたことは明らかであった。

◉希望と不安の入り交じる大学進学

高校3年生になった頃、監督からスポーツ推薦の話が来た。東京都内にキャンパスがあって、超強豪校ではないが、志帆が入学したいと思う大学の一つである。両親とも相談してから、と答えて家に帰ったが、帰り道で志帆の夢は大きく広がっていた。東京での生活、一人暮らし、そしてバレーボール選手として大学のユニフォームを着られるということにも、胸が高鳴った。自宅に帰って、早速両親に話をしたが、二人ともとても喜んでくれた。両親の期待も大きく、推薦入学に応募することにした。スポーツ推薦入学試験は、比較的早い時期に結果が出る。面

接などによる入学試験があり、その後合否の発表となる。志帆は無事合格し、早い時期に大学入試を終えた。またクラブも引退したが、休みには大学のクラブから練習参加の誘いがあった。
志帆には、心配事がないわけではない。試合では活躍していたが、ずっと腰の痛みがあったのだ。試合中には忘れることもあったが、練習中に辛さを感じることもある。だましだまし、ここまでやって来られたが、大学に入ってからの厳しい練習が、不安でもあった。秋からは、時間もあったので治療院に通うことにした。治療によって腰の痛みは良くはなったが、このような痛みは完全にとれるものでもなく、トレーニングによって負荷がかかると、また痛みが出てくる状態である。このことは、自分の中ではだんだん不安の要素になっていった。しかし、

春休みに大学の練習に参加をした時にも、そのことは口には出さず、新しく先輩になる人たちと練習に励んだ。先輩たちは、優しく雰囲気も良かった。しかし、高校と違い、それぞれが自立して、自分のことは自分でやるという空気も感じた。また、大学には女子寮はなく、志帆は一人暮らしをする必要があった。

大学に入る直前の3月に、志帆は両親とともに東京に来て、アパートを契約した。一人暮らしは初めての経験で、ずっと家族と一緒に住んでいたので、大学生活への期待感がある一方で、何とも言えない寂しさを感じていた。しかし、両親のとても嬉しそうな様子に、なかなかそれを話すことができなかった。

◉涙で始まった大学生活

4月に入学式がすみ、両親は帰った。一人になったアパートの中で、志帆は号泣してしまった。なぜ、そんなに泣くのか自分でもよくわからなかったが、大学に入った嬉しさ、一人暮らしを始めて大人になったという嬉しさ、同時にこれから一人で何でもやっていかなければならないという不安も、大きく感じていたのかもしれない。

大学のプログラムは、どんどん進んだ。一般入試で入ってきた新入生たちとも一緒に教室に座り、オリエンテーションを受けた。隣に座った新入生の女子と言葉をかわすと、その子は浪

人して入学したという。志帆がスポーツ推薦入学だと聞いて、どんなスポーツ？　試合でどうだったのか？　といくつか質問をしてきた。そんな話をしているうちに、その子は別の新入生と授業の科目のことなどを話し始めた。自分も、授業の科目には興味があったので、そのまま色々と話を聞いていた。また、彼女たちはバイトの話や、サークル活動の話などもし始めた。志帆は、クラブに所属するのでアルバイトや、大学の授業以外の活動はあまりできそうにない。何か話をしていても、なかなかみんなと一緒の話題に入れない気もした。

クラブに行くと、入学前から練習をすでに一緒にやってきているので、仲間がたくさんいる。同期も7人いたが、みんなちょっと緊張気味だった。大学での練習は、高校と違って自主性も必要になる。トレーナーもいて、フィジカルのチェックなども受けた。志帆は、腰の痛みのことを少し話したが、練習ができないほどではない。監督にもその話は伝わり、様子を見ようということになった。部に対して自分が十分に貢献できるのか、志帆は不安であったが、それを相談する友だちも、家族もいなかった。

練習で疲れて家に帰る。家に帰っても、「おかえり」と迎えてくれる家族はいない。自分で電気をつけて、食事をつくる。最初は、買い物に行って自炊をしていたが、忙しくて大変な時には、帰りにスーパーやコンビニでお惣菜やお弁当を買ってきて食べた。お風呂を沸かして一人で入る。一人暮らしに慣れていれば、何でもないことなのかもしれない。でも、家族と一緒に住んでいた時は、両親や兄弟と冗談を言い合って食事をしていたことをとても懐かしく思ったりした。

大学の講義は、どんどん進んでいく。様々な課題も出る。クラブにも参加しなければならない。志帆は、毎日の生活が大変だと感じるようになった。そうするうちに、朝大学に行く気持ちが出ず、ベッドから起き上がるのが辛くなってきた。家に帰って一人になると、寂しい気持ちが抜けず、次第に眠れなくなってきた。それでも、授業には何とか出席して、クラブにも参加していた。

◉先輩との食事がきっかけで

このように元気がなくなった志帆の様子に、3年生の陽子が気づいた。陽子も志帆と同じように、1年生の時に調子を崩したことがあったのだ。陽子は、志帆に優しく声をかけてくれた。「今日一緒にごはん食べない？」と。志帆はとても嬉しかった。先輩から声をかけてくれて、一緒に食事をする。4月になってから、昼食は友だちとも食べたが、夕食を誰かと一緒にとることは歓迎会の時くらいしかなかった。

一緒に食事をしながら、陽子は自分の経験をもとに、いろいろと志帆に話をしてくれた。一人暮らしの寂しさ、大学での勉強の大変さ、部活に対する不安。どれも、志帆がずっと自分の中で抱えてきたことだった。その一つひとつについて、陽子は自分の経験を明るく話してくれた。夏休みの合宿は辛い中にも楽しいことがあること、これから始まるリーグ戦のこと。大学生活の明るく楽しい部分のこともたくさん話してくれた。

陽子と食事をしてからは、これまでにはないほどリラックスして過ごすことができた。何か、今まで先の見えない大学生活に押しつぶされそうになっていた自分が嘘のようだった。どうして、あんなに悩んでいたんだろう、志帆は時々思う。一人暮らしにも慣れて、食事も計画的に自炊をしたり、外食をしたりできる。時々友だちと一緒に食事をする。練習にも身が入り、授業についても友だちと連携などもしながら、順調にこなせるようになってきた。自分の思い描いていたような、大学生活がそこにはあった。

ポイント解説②

ここでとりあげたケースは「新人アスリートの問題」です。新人アスリートには、高校1年生も、大学1年生も、あるいは社会人として実業団あるいはプロチームに所属する人たちも含まれます。このような新人に共通した点は、環境が著しく変わるということです。多くの場合、それぞれ前のチームでは最上級生としてチームを率いてきたのが、自分より経験のある人たちばかりが周りにいる環境に入ることになり、また同期の人たちの競技力がこれまでより高いということもあると思います。チームの習慣なども、これまでとは異なっている場合も多くある

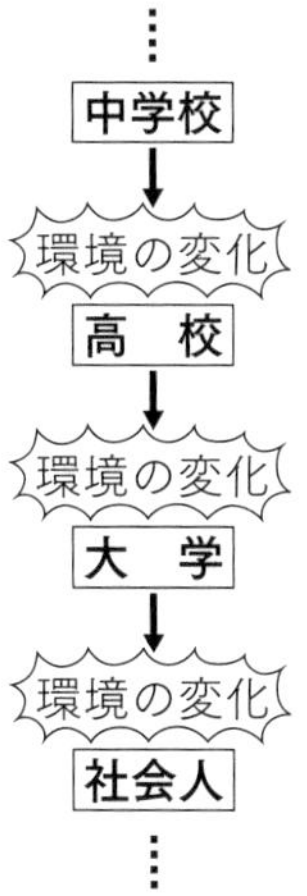

「新人」になる機会は何度も訪れる

でしょう。そのような中で、これまでトップアスリートとして活躍してきた自負をもちながら、チームに馴染んでいくというプロセスは、時にストレスの多いものになります。

☑大学生の場合

大学生アスリートの場合は、スポーツ以外の場面も大きく変わります。大学によっては、講義の教室に100名、時に200名以上の学生が座っていることがあり、さらにそこには同級生だけでなく先輩たちも多くいるような環境があります。それまで、高校ではよく知ったクラスメイトと一緒にせいぜい40名ほどの教室で勉強していたのが、大きな講義室の中で知り合いもいないなか講義を聞くことになるわけです。スポーツの場面での変化とそれ以外の場面での変化の両方にいっぺんに

対応しなければならない状況が大学新入生にはあるわけです。

☑家族の役割

さらには、これまでは学校やクラブで嫌なことがあっても、家に帰れば家族がいるという環境がありました。家族がいるということは、非常に大きなメンタルサポートの側面があります。家族の役割として「成人の情動安定化機能」というものが、精神保健の教科書には出ていますが、まさにそのような機能があるわけです。時に、家に帰れば両親にいろいろ言われて嫌になる、という話も聞きますが、実はこういうことも家族同士の交流の側面なのです。極端なケースでは、家族から離れたほうがストレスが少なくなるという場合もあります。しかし、多くの場合は、特に十代後半から二十代前半のアスリートにとって、家族の存在は気持ちを安定させ明日に備える活力を養う力がある、と言ってもよいでしょう。

☑対処の仕方

このようなケースは、ちょっとしたことで良くなる場合も多く、あまり介入を必要としない場合もあります。ただ、そういう状況が起こりやすい時期には、指導者は新人に注意をはらい、いつもよりも声を多くかけてあげるなどの配慮ができるとよいと思います。また、こういう時に、新人たちはつい、いつもと違ったちょっと頑張りすぎた発言や行動をしがちで、そういうことが原因で同じ年代の先輩を含めたチームメイトと、ちょっとした摩擦を起こすこともあります。こういうことが起こると、時として深く落ち込んでしまうこともあります。

たいていのケースは、夏合宿が過ぎた頃には自然な状況でチームに馴染んでいて、春に相談に見えた方も、もう何もなかったような顔をしています。しかし、夏休みを過ぎてもそういった問題が続いている時には、介入をしたほうがよいと思います。介入というのは、具体的に相談に乗ったり、他のチームメイトに対して、うまく溶け込めるような配慮をしてあげるように話をするということです。このやり方は、ケースバイケースなので、これが良いという方法はありませんし、あまり介入しすぎて問題をよりこじらせてしまうこともあります。

☑新チームへの情報の引継ぎ―からだの故障など

その他に、前のチームの時から抱えていた故障を実は新しいチームで認識していなかったというようなことから、問題が起こることがあります。しばらくは故障を隠して練習していたけれど、隠し切れずメンタル面も不調になってしまうというケースもあります。

いずれにしても、爽やかな期待とともに新人たちを温かく見守ってあげたいものです。

（内田　直）

第3章

競技を続けるか引退するか
——アスリートのデュアルキャリア

ケース③

里緒菜は、スポーツ推薦で大学進学し、奨学金をもらいながら大学に通っている。競技は陸上の長距離で、大学は駅伝に力を入れている。大学側は里緒菜に駅伝に出場して低迷している成績を上げてほしいと期待し、里緒菜を獲得した。里緒菜は小さいころから運動という運動はなんでも器用にこなせる方であった。そのためなんとなく小さい頃から大人になったら、スポーツ選手になりたいと思っていて、中学生になった頃には陸上選手になってオリンピックに出場することを夢見ていた。両親はスポーツに打ち込むことを応援しながらも、きちんと勉学の大切さも伝え、両立させるようにしていた。

中学、高校と輝かしい成績を収め、5000mか1万mでのオリンピック出場や、はたまたマラソンでの出場かと夢も現実に近くなってきた。大学1年では見事全国女子大学駅伝で入賞を果たした。大学の部としては、10年ぶりの入賞であった。来年、再来年と徐々に成績を上げていこうという気運がチームに漂っていた大学2年の夏合宿で、里緒菜は練習中に陸上選手としては致命的な怪我をしてしまった。里緒菜は、これからという時にどうしてこんな怪我をするのか、とどん底の気分であった。

半年ほど懸命にリハビリをこなしたもののやはり元通りの運動機能は戻らなかった。仲間たちは励ましの声をかけてくれていたが、その励ましでさえ疎ましく「自分がいなくなって嬉しいと思っている」と被害的にとらえるほどであった。部の監督からは、マネージャーとして戻ってきてくれないかという打診があったが、すんなりと受け入れることはできなかった。自分には陸上しかない、この先どうやって生きていけばいいのかと思うと徐々に食欲も失せ、外に出るのも億劫で家に引きこもりがちになってしまった。両親は夢が突然絶たれてしまって絶望している里緒菜にかける言葉がなく、しばらくそっとしておくしかなかった。

3か月ほどのんびり過ごし、里緒菜も少しずつ元気を取り戻していった。そんな頃、ちょう

サポートしてくれて、本当にありがとう！

ど大学駅伝の大会があった。葛藤はあったが、応援に行くことにした。人手不足ということもあり、マネージャーの補助的な仕事を手伝うことになり、給水の準備や状況把握のための電話連絡など裏方の仕事をこなすことになった。里緒菜はこれまで裏方のサポートにありがたい気持ちはもっていたが、こんなに大変な仕事であることをはじめて経験した。大学のチームは見事昨年よりもよい成績で入賞することができた。

試合後の円陣で、チームメイトの数名が里緒菜に対して「大変な怪我を乗り越えて辛かったと思うけど、今日サポートしてくれて本当に嬉しかった、ありがとう」と言ってくれた。里緒菜はアスリートではない自分でも役に立てることがあるのだと涙がじんわりと出た。裏方で選手を支えていく道もあるのかなと思い始めた。

スポーツ推薦で奨学金をもらっていることもあり、選手としての道が絶たれた以上、奨学金は次年度からは支給されないという通達があった。部活動にマネージャーとして残っても同様であった。両親としても奨学金なしでは大学に通わせることは難しかった。そういった状況の中、里緒菜は今の学部に所属して勉強を続けるより、リハビリテーションを学び、将来は理学療法士になりたいという気持ちが固まってきた。自分のリハビリ中に親身になって話に耳を傾けてくれたトレーナーの影響だった。大学で単位はきちんとされていたので、それをもって他の大学に編入し、奨学金も取ろうと決意した。目標が決まってからの里緒菜は、スポーツにかけてきた情熱を移し替えるように勉強に充て、見事編入試験に合格し、奨学金も取得した。

新しい大学でリハビリテーションを学び、「怪我をして引退せざるを得なかった辛さを経験した自分だからこそなれる、苦労しているアスリートの気持ちに添えるような理学療法士」になることを夢見て頑張っている。

ポイント解説③

里緒菜はこれから花開くかという時に、突然の怪我により、陸上選手としての引退を余儀なくされました。幼い頃より夢見てきたオリンピック出場の夢を絶たれ、それどころか競技自体の継続も難しくなり、大きな方向転換を強いられる事態となりました。里緒菜は目の前が真っ暗になったことでしょう。そばで一番応援してきた両親がかける言葉も見つからないほどの状態になってしまったことも容易に想像がつきます。

☑アスリートにとっての引退の意味

競技引退とは、どのようなレベルのアスリートにとっても訪れるもので、アスリートがアスリートでなくなるということは本人にとって大きなアイデンティティの危機（identity crisis）となります。「アイデンティティ」は自己同一性とも言われ、「自分とは何者か」という他の誰でもない自分であることを実感していることを表します。

引退の種類は、学校の区切りを見据えた準備期間のあるものや何か目標となる試合を区切りとするもの、自分なりの目標値である記録を達成していくらか満足感の得られた後にくるもの、精神的にも肉体的にも限界を感じてくるもの、そして怪我や病気などで心の準備なく突如として訪れるものなど、アスリートそれぞれの個別性があるものです。この競技引退にまつわる過程を通じて「アスリートである自分」から「アスリートでない新たな自分」へのアイデンティティ再体制化（identity reconfirmation）が迫られることになります。里緒菜の場合は、心の準備なく晴天の霹靂であるかのようにやってきた引退でした。そういった過程のため、事態を受け入れ、動き出すまでに3か月家にこもるような時期も必要でした。心の準備をしてきた選手にとってでさえ、こういった競技に打ち込んでいた自分から別の自分へと変化を求められる時期には、時間が必要です。自室にこもったり、ぶらぶらしていて、周囲からすると時間の無駄遣いをしているかのように見える時期が心には必要なのです。

スポーツ心理に精通している中込四郎先生は、競技人生を登山に喩えると「高い山に登れば上るほど下りる困難さが強くなる」ように、競技引退でも同質の体験がなされるようだと述べています。筆者の元を訪れるトップアスリートの中でも、下山に数年から10年程度かかったり、時には下山がうまくいかず、山中で遭難してしまい、結果、心の病という形でアイデンティティの再体制化に取り組まなければならないアスリートもいます。あるアスリートは、幼少期から競技一本で生きてきましたが、バーンアウトし、抑うつ的になったことで、内科を経由してカウンセリングに来ることになりました。引退を決意するまで2年ほど、そして新しい世界に開かれていくまでに紆余曲折あり3年ほどかかりました。彼は「アスリートである自分」と「アスリートでない自分」が全く関係のない世界かのように感じられ、両者をなかなかつなげられず、「違う自分が生きているよう」「競技時代の話をされても自分のことではないような気がする」と表現をしていました。それほどに、両者を結んで統合し、アイデンティティを再体制化していくことは困難なことであるともいえます。

ただし、こうした危機はアイデンティティの真の確立や成熟にとって大きな意味をもっているとも言えます。こういった「アイデンティティの獲得→アイデンティティの揺らぎ→アイデンティティの再達成」(「再達成」は前出の「再体制化」とほぼ同じ意味)というテーマはライフサイクルにおける発達的危機期(青年期、中年期、定年退職期)に繰り返し訪れるものなのだと考えられ、人生の岐路に遭遇するごとに繰り返され、アイデンティティはラセン式に発達していくのではないかと言われています。

里緒菜の場合、次への道は、偶然起こった出来事から開かれていきました。表舞台をまっしぐらに生きてきた里緒菜には、想像もしなかった裏方の仕事への転身の道でした。またスポーツだけでなく勉学も大切にして過ごしてきたということもあり、編入試験もクリアすることができました。そして自分なりの理学療法士になろうとしています。このことは、アスリートとしてのアイデンティティの危機が、職業的なアイデンティティや人としてのアイデンティティの発達や再達成へとつながっていくプロセスを示しています。ところで、引退後、コーチ業やスポーツキャスターなどその道で食べて行ける人は一握りです。もちろん近年ではアスリートへの理解が高まり、引退後もそのまま所属先の企業に一般社員として勤務できるようにもなってきています。しかしながら、アスリートがやりたいと思える仕事とその企業でできる業務内容が一致するということは稀有なことでもあります。結果、アスリートは自分らしい道を模索する必要に迫られることが多いでしょう。

☑デュアルキャリアという考え方

最近では、引退後に次の職業へ移行する「セカンドキャリア」という考えから「デュアルキャリア」という考えが普及しつつあります。多くのアスリートが里緒菜のように、また「このタイミングで引退した方がよいのか、自分の可能性を信じて続けた方がよいのか」という類の葛藤を抱く時期があるでしょう。その葛藤にもいくらか解決を与えてくれる「デュアルキャリア」の考えをご紹介します。

日本においてアスリートのキャリア形成に関する方針は、2003年頃よりセカンドキャリアについての対策の必要性が指摘されてきていました。しかし、2007年頃より、競技生活を送っている時期はアスリートとして、引退後は別のキャリアという「単一路線型」の捉え方ではなく、アスリートとしてのキャリアとその後のキャリアの両方をアスリートの時期に準備・支援するという「二重路線型」の捉え方が指摘され、「デュアルキャリア」という考え方が重要視されていくようになりました。アスリートのキャリアは長い人生の一部分であり、「アスリートとしてのキャリア形成」と「人としてのキャリア形成」に同時に取り組むということです。ここで言う「キャリア」とは、日本で解釈されている様な職業に関連する道のりだ

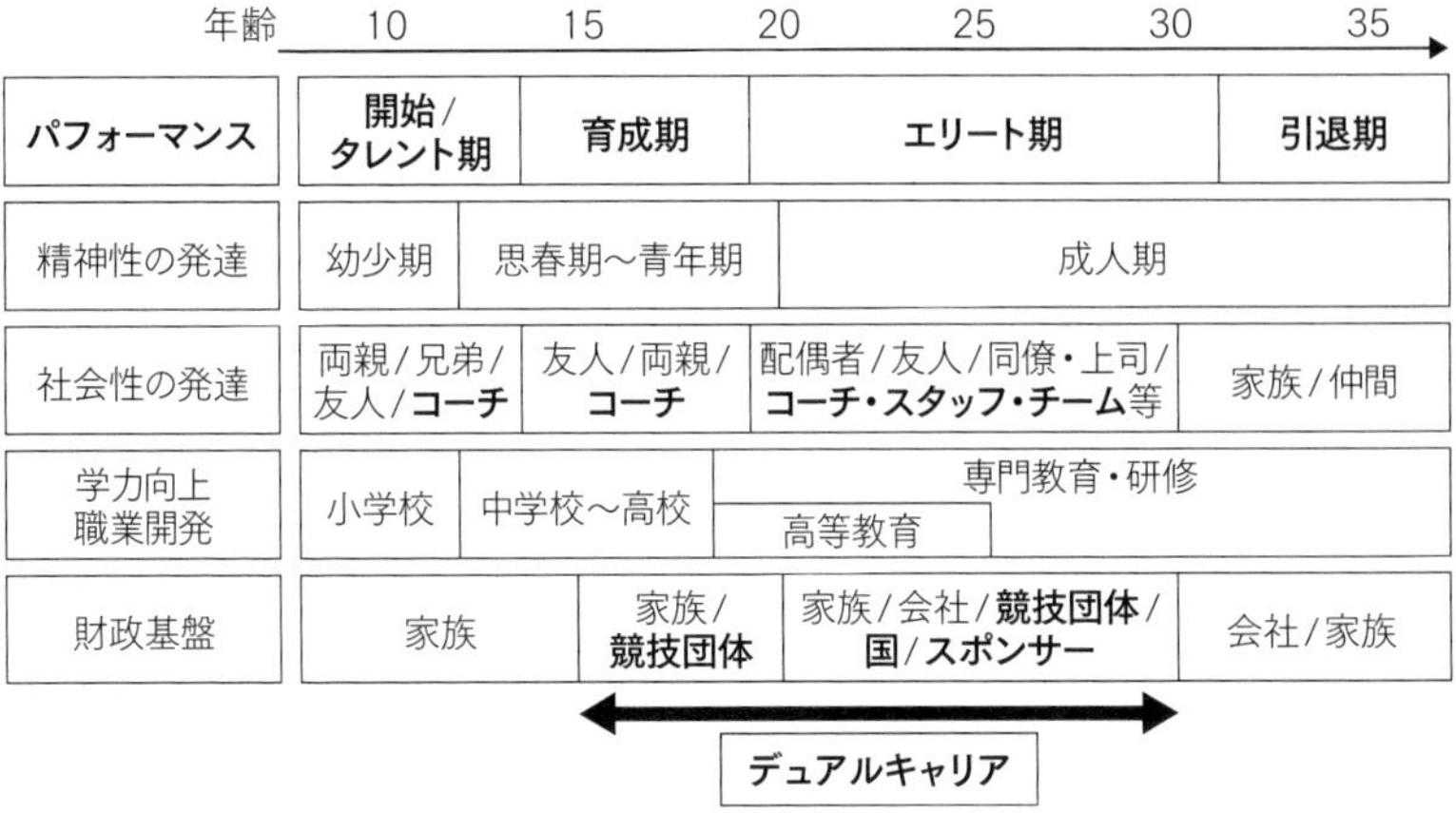

図1　ライフスパンモデル（Wylleman ら、2011 より改変）

けでなく、人としての人生や生涯において通る、歩んでいく道のことを示します。

アスリートの「デュアルキャリア」は一般的に15～20年の期間で捉えられています（図1）。アスリートのキャリアは、パフォーマンスだけでなく、精神発達、心理社会的発達、学力向上・職業開発、財政基盤の各要素が複雑に影響しながら、個別性をもって構成されています。

ワイルマンとラインツの研究によると、エリートアスリートのキャリアはエリートレベルのパフォーマンス地点に到着するまでに10年を費やし、最高レベルで競技を続けるのは5～10年とされています。競技によって差はあるものの、この時期は小・中・高・高等教育（大学・大学院等）の学業と重なる期間が少なくありません。特に思春期から成人期にかけては各要素の転換期（進学、卒業、入寮、結婚など）とパフォーマンスの面で次の段階に上がる展開期が同時に起こるため、様々な面での困難や課題が重なることが多く、競技脱落の危険性が最も高い時期とされています。例えば、高校生が大切な国際大会につながる連戦の時期と、大学受験のための勉強や授業への出席が困難になるというようなことはよくあることです。ゆえに、こういったアスリートを取り巻く様々な要素や展開期を考慮し、目先の大会の結果のみにこだわることなく、スポーツキャリア全体を含めた長期的視点でのキャリアデザインやライフプランニングをすることが必要であること、またこれを実践するためには、本人の意識だけではなくアスリートを取り巻く周囲の関係者がその重要性に気づかなければうまく実行されないのです。

トップアスリートの中では、このデュアルキャリアを実践し、引退後も競技とは離れた社会においても活躍するようになってきました。これらデュアルキャリアに関しては、日本スポーツ振興センター（ＪＳＣ）が作成したホームページも是非、参考にしてください。

（https://www.jpnsport.go.jp/Portals/0/sport-career/index.html）

☑ギャンブルなどにも気をつける

最後にもう一点、この引退を巡って気をつけなければならない点を挙げます。競技で得る高揚感に比して地味な日々に生きがいを見出せずに、薬物やギャンブルなどで代替の高揚感を得ようとすることも場合によっては起こりえます。勝ち負けが明確で元々負けず嫌いのアスリートがギャンブルにはまりやすいという指摘もありますが、まだまだ研究途上の分野です。しかしアスリートとしてはプラスに働いていた性格傾向が、一歩違えば危険な道にもつながってしまうことも理解しておく必要があると思います。そしてまた、アスリートとしてのキャリア時代から「アスリート一本」の世界でなく、自分の様々な可能性に開かれバランスよく生活することが大切だろうと思います。

「引退」はアスリートとしての道を選択すれば必ず通る道です。筆者の元を訪れたあるアスリートが「オリンピックに出場できたら、そのあとはもうどうなってもいいと思っていた」けれど、心の病になってカウンセリングに来て悩む中で、「人生を大きく考えられるようになった」とおっしゃったことが印象に残っています。「引退」を通して悩む取り組み自体が、その後のその人らしさを作っていく上で重要だと考えています。苦しいけれどいつかは成長につながると思って上手に悩み、また周囲も支援してほしいと思います。

（関口邦子）

第4章

「もっと練習しなければ」が止まらない
――オーバートレーニング症候群

ケース④

芳雄はサッカー選手である。父親がサッカー好きなこともあり、幼稚園の時からサッカー少年団に入っていた。父親は、特別熱心に息子にサッカーを仕込むというようなタイプではなかったが、自身も若い頃にサッカーをずいぶん熱心にやったので、息子がサッカーをするのをとても喜んでいる様子である。そんな中で芳雄は、小学校低学年くらいから周囲の子どもたちよりも上手だという評判の選手になっていった。うまくドリブルをしてフェイントで相手を抜いた時には、とても爽快な気分になり、ますます熱心に練習に取り組んだ。小学校時代は毎週土日に試合があり、その地域の人たちにも注目されるので、サッカーをやっていてよかったと思っていた。

◉小学生時代から真面目一筋のサッカー生活

小学生の時は練習を休むことはなく、練習の始まる時間より前に必ずグラウンドに行くという少年であった。監督の言うことはよく守り、自分勝手な行動をすることはない。その時代で印象に残るエピソードとして、地区トーナメントの準決勝で負けてしまった試合のことがある。

試合は後半に入り、4―1で相手チームにリードをされる展開。チームは一丸となって耐えたが、相手のほうが一段上で、ずっと攻められる展開となっていた。もちろん、みんな頑張ってはいたが、終了が近づいてくると、やはり疲れが見えてくる。しかし、そんな中で芳雄は決して休むことはせず、全力を出してディフェンスを続けた。相手選手が持つボールにはすぐに寄せ、またパスコースを消すことを考えて移動を繰り返す。そのようなことは、監督から教えられていても、小学生のレベルではなかなかできるものではない。差をつけられたまま終了時間が近づいてくると、チームに諦めムードが見えてきた。しかし、芳雄はその中で最後まで妥協せずやり遂げる性格をいかんなく発揮し、これが大きくチームの力になり、終了間際に1点を返すことができた。負けではあったが、最後まで諦めない姿勢は応援に来ていた観客にも伝わって、勝利した相手チームだけでなく、芳雄たちのチームにも大きな拍手が送られた。

◉自分にあったポジションとの出会い

中学に入学すると、もちろんサッカー部に入り練習を頑張った。6年制の中高一貫校を選んだため、高校受験はなかった。このため中学時代からサッカーに打ち込むことができた。中学のチームでは、様々なポジションを任されたが、次第に守備的なミッドフィルダーに定着してきた。もともと、労を厭わず何でも一生懸命やる性格で、勉強も真面目にやったため、学校の成績も良かった。この性格が、サッカーでも、試合中に献身的にチームに貢献するプレースタイルにうまくあっているようだった。

守備的ミッドフィルダーは、ポジションによってボランチとも呼ばれ、比較的広い範囲を動くことが求められる。ディフェンスに加わって、最終ラインを守ることもあれば、中盤から攻撃にも参加する。仲間が困っていれば、常にこれを助けにいくというポジションだ。芳雄はこのポジションが好きだった。自分が走れば、仲間を助けられる。他の仲間が困っていれば、またそこに走る。このように自分の努力によって多くのプレーの中で、チームに貢献できるポジションだからだ。

芳雄の中学はもともとその地域の強豪チームで、高校に進学してからも全国大会を目指して頑張った。毎年、全国高等学校サッカー選手権大会が開催される。全国大会は、年末年始に関東で行われるが、各県の予選は夏休み前から始まり、秋に終わる。高校2年生の時に、芳雄はレギュラーメンバーに入った。彼の献身的なプレーが監督にも、そしてチームにも認められ、3年生たちは彼を温かく迎え入れてくれた。芳雄は頑張り、そしてチームは地区予選を勝ち抜いていった。暑い夏に行われる試合が続いたが、彼は常に走り続けた。自分が2年生ながらチームに貢献できているという実感があり、とても嬉しかった。

◉転機となる試合を迎えて

そして、地区予選も終盤になり、トーナメントの準決勝の試合を迎えた。相手校は、地区代表の有力候補である。芳雄は自分も最高のコンディションでこの試合には臨みたかったので、試合の日を目指し体調を整えた。試合が続いていたので、シーズンの蓄積した疲れはあったが、食事や睡眠を十分にとり、当日にベストコンディションで臨めるように気をつけていた。

試合の当日、緊張が高まる。この相手に勝利すれば、地区代表がグッと近づいてくる。また、高校時代最後の大会となる先輩たちにも、さらに勝ち進んでいくチャンスをつくりたいという気持ちもあった。監督からも、守りを確実に、そしてチャンスを逃さずに。そして、ベストを尽くすように話があった。

試合が始まった。芳雄たちのチームのディフェンスは堅い。しかし、ボールを相手側に支配されて、芳雄たちはディフェンスに追われる展開になった。前半の中盤、ちょっとしたミスから相手のフォワードにボールが渡り、裏をつかれる展開になった。ポジショニングの良かった芳雄は、すばやくボールを持つフォワードの前に走りこみ、危うくゴールされるところでうまくディフェンスをした。相手はシュートを打てずコーナーキックとなったが、それもクリアする。その後も、何度か危ない場面があったが、前半はゴールを守り切った。

その日は暑く、芳雄もチームメイトも相当消耗していた。ハーフタイムにロッカールームへ引き上げた選手の表情からも、それは明らかである。芳雄もいつもより疲れていた。しかし、サッカーは、攻められているチームが必ずしも負けるわけではない。

後半もしっかり守り切って、そしてカウンターで点がとれれば、勝てる。みんなそう思った。

後半は相手も疲れているためか、押されているとは感じなかった。しかし、前半ディフェンスに走り回った疲れは次第に体に応えてくる。「いつもよりも体が重いな」と芳雄は思った。しかし、負けるわけにはいかない、気力で頑張ろうと気合いを入れ直す。そして、両チーム無得点のまま残り時間あと5分、という場面を迎えた。疲労は極限に近いが、あと5分頑張ろう、と思った時に相手選手がゴール前に飛び出し、スルーパスが通る。芳雄がカバーするまもなく、ボールはゴールネットに突き刺さった。相手選手が抱き合い喜ぶ姿が、次に目に入る。芳雄たちのチームの3年生が、すぐにボールを持ちセンターに運んだ。残り時間はもうあまりない。すぐにでも試合を始めなければ。必死にボールを動かすが、相手チームにボールが渡ってしまう。すると、ボールを回してなかなか攻めて来ない。こちらから出て行けばスキができて、もう1点入れられたら挽回は完全に不可能になる。そうするうちに、試合終了のホイッスルが鳴った。

芳雄は悔しかった。もう少し走れれば、体力があれば、試合終了間際でも相手の攻めを阻むことができたのにと思った。監督は選手の労をねぎらってくれたが、自分の努力が足りなかったのだ。どのようなコンディションでも、試合が終わるまで走り切る。そんな体力を付けないといけないと思った。

◉これまで以上に頑張る日々

それから芳雄はチームの練習が終わった後、必ず自主的にグラウンド外周のランをしてから練習を上がることを自分に義務付けた。これは、どんな時でも続けた。時にかなりきついトレーニングがある日もあって、もう体が動かないと思う日もあったが、それでも芳雄は自分に課した自主練習をやめなかった。

ある日、練習をしていても疲れやすいな、と思う日があった。これまでと違う感じがあったが、それでも自主練は続ける。練習をしていない時は、さほどつらい気持ちはなかった。しかし、次第にこれまでと違って普段の練習についていけないと思うようになってきた。おかしいなとも思ったが、監督には特に話さず、練習には真面目に出続ける。しかし、ある日の練習後、自主練をする気力がなく、走り始めたがすぐにやめて上がってしまった。それは自主練をするようになってから初めてのことだった。次第に、練習をきついと感じる度合いが増し、明らかにパフォーマンスが落ちてきた。その様子は、周りからもわかるほどだった。

監督は、芳雄を呼んで話を聞いた。芳雄は、練習が次第にきついと感じ始めたこと、自主練ができなくなってきたこと、次第に普段の生活でも疲れが感じられるようになってきたこと、そして気力も低下してしまったことなどを話しながら、監督の前で泣いた。なぜか、とても悲しく、涙が止まらない。監督からは、しばらく練習を休むように言われた。

練習がきつい
自主練ができなくなってきた
普段の生活でも疲れを感じる
やる気もでない

◉練習を休むのは不安だったが

監督からスポーツカウンセラーを紹介してもらったので、会ってみることにした。すると、「オーバートレーニング症候群」だと言われた。カウンセラーは優しく芳雄に接してくれて、自分を痛めつけるのが良い練習ではない。一番効率のよい練習をすればよいし、休むべき時に休むことができることも大切だと話してくれた。

練習を休むのはとても不安である。周りの仲間が、自分のいないチームをつくり、それが出来上がっていくようにも感じられた。しかしカウンセラーは、「今は休むことが大切で、それができるようになれば、もっと効率的な練習ができるようになる。それを学ぶという意味でも、しっかり休んで良くなるということを経験することが大切だよ」、と芳雄を温かく励ましてくれた。

次第に気分は改善し、練習への意欲が出て、軽いトレーニングを始めると、さらに気分がよくなってくる。カウンセラーは、遅れを取り戻そうと、がむしゃらに練習しすぎないようにと注意をしてくれる。
芳雄は、確かに自分一人だったらそうしただろうな、と思った。

ポイント解説④

オーバートレーニング症候群（OTS）は、高強度のトレーニングを長期間続けた場合に起こる、パフォーマンスの低下や精神的な意欲の低下、抑うつ、睡眠障害などを主徴とする症候群です。

OTSについては、ヨーロッパスポーツ科学会（ECSS）とアメリカスポーツ医学会（ACSM）の共同のコンセンサスステートメントが、2013年に発表されています。この中で、高強度のトレーニングの結果、一過性にパフォーマンスが低下した状態が数週間以内に治まるものをオーバーリーチング（OR）と呼び、数週以上にわたって症状が持続するものをOTSと呼んで区別しています。しかし、ORがより悪化するとOTSになるのかどうか、ORとOTSの間には状態に、質的な違いがあるのかなどについては十分に明らかにはなっておらず、今後の課題でもあると述べられています。

OTSの発症率を正確に調査することは、必ずしも選手がその病態を申告するとは限らないことなどから困難ですが、これまで行われた調査によれば、エリートランナーなどでは生涯でOTSを経験した人の割合は6割程度いるなど、比較的多いとも考えられます。

☑発症のメカニズム

OTSの発症のメカニズムは不明です。したがって、どの程度トレーニングをしたらOTSになるのか、どのくらいまでいったらやめたほうがよいのかはよくわかっていません。しかしカウンセリングという視点から見ると、OTSになりやすい性格傾向というものはあるように思われます。このケースに示したように、チームのためあるいは競技力向上のために、自分を犠牲にし、とことんやりぬくような性格傾向です。

このようなアスリートは、良い指導者がいると非常に競技成績が伸びるという側面がありまず。本人のトレーニングの様子を常に見て、もしやりすぎたり疲れすぎたりしている面があった場合には、ブレーキをかけるようなことのできる指導者の存在です。しかし、指導者が十分にチーム内の個人の状態を把握していない場合などは、過度のトレーニングになりがちなことがあります。このようなアスリートは、たとえ軽症（表参照）のOTSが自覚できていたとしても、多くの場合、自分から練習をやめようとすることはないので、さらに症状が進む結果になってしまいます。さらに、OTSは同時に精神的なストレスがある場合には、相乗的に症状

表　オーバートレーニング症候群の重症度

軽　症	日常生活での症状はまったくないが、トレーニング強度が上がるとついていけない
中等症	軽度のトレーニングでもややつらく、日常生活でも症状が見られる 主な症状は、疲労感、立ちくらみ。まれに胸痛、筋肉痛、下痢など
重　症	軽度のトレーニングでもほとんどトレーニングできない状態で、極度の疲労症状、不眠が必発し、POMSなどの心理テストでうつ症状

（川原、1990）

が重くなるということも経験されます。

☑予防と発症後のカウンセリング

ＯＴＳは、予防が非常に難しいので、軽症のうちに発見し、介入することが大事だと思います。そのためには、やはり指導者が常日頃から選手たちを十分に観察していること、そして選手が不調を指導者に告げやすい状況をつくっておくことが必要だと思います。

ＯＴＳになったからといって、すぐにカウンセリングを受けなければいけないわけではありません。しかし、中等症以上の重症度であったり、繰り返し発症する場合には、根本的なトレーニングに対する構えを修正したほうがよいことも多いので、チームでの検討が必要です。その中で性格特徴に問題があれば、スポーツカウンセラーに相談することはよいと思います。このような中でカウンセラーは、アスリートが自分で自分のトレーニングをコントロールできるようなカウンセリングをしていくこととなると思います。

（内田　直）

第5章 もう「頑張りたい」が湧いてこない
――バーンアウト

ケース⑤

大学水泳部3年生の由希が、久々に会った高校時代の友だちに苦悩を打ち明けたのは、つい先日のことである。

「練習に前向きに取り組めない」

「この先どのようにしたらいいのか、まったくわからない」

「一人でいると無性に悲しくなり、涙が出てしまう」

気丈だった由希の突然の告白に、友だちは戸惑いながらも必死にかける言葉を探す沈黙が流れていった。

◉順調な競技生活

もともと由希は、スポーツが好きなタイプではなく、一人でテレビを見ているのが好きな子

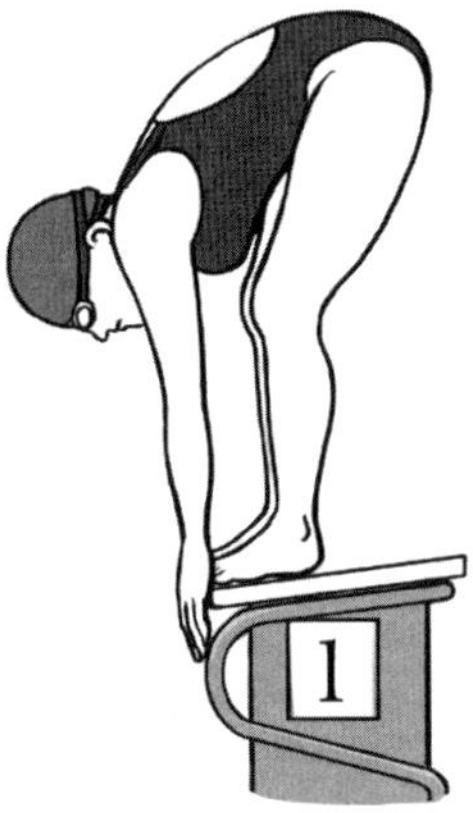

どもだった。ただ水泳だけは好きで、夏の体育の授業でプールに向かい泳ぐのが楽しみであった。小学校5年生の時に出場した水泳大会で優秀な成績を収めたことで、突然周囲からの注目や期待を集めるようになっていく。内向的だった性格も、水泳競技と関わり好成績を上げることで徐々に自信をもてるようになっていった。

自信と結果は、相乗効果を発揮する。中学校では全国大会5位、高校ではインターハイで個人優勝を勝ち取るなど、目覚ましい活躍を遂げていった。いつの間にか、勉強や家庭よりも、水泳が自分の価値観にとって大きな割合を占めるようになっていった。この頃が、振り返れば由希の水泳人生での絶頂だったかもしれない。

◉コーチとの信頼関係

コーチは、中学・高校を通じて由希を指導しており、由希も全幅の信頼を置いていた。むしろ、「先生の言うことを聞いていれば大丈夫」「先生の言うことは必ず守らなければならない」という、服従と依存の関係ができていたのかもしれない。自分ではどういう意味があるのかわからないトレーニングも、コーチの言うことに間違いはないと思うことで乗り切ってきた。

由希がこれだけコーチを信頼していたのは、コーチの包容力と柔軟性があったからかもしれない。コーチは、決して無謀なハードトレーニングを課すタイプではなく、合理的な練習メニューを組み立てるタイプであった。由希が苦しい時には、コーチは

「そんなに無理はしなくてもいい」

「やりたくない時は、やらなくていい」

「自分を追い込みすぎるのはよくない」

という対応をしていた。その声を聞いて安心して、コーチの期待に添うべく気持ちが新たになるのだった。

◉進学後の焦り

輝かしい成績をひっさげて、スポーツ推薦で水泳部の先輩も多数進学していた名門大学に入

そんなに無理はしなくてもいい
ちゃんとやっているように見えないぞ

学し、もちろん大学の水泳部に所属した。しかし、高校と大学との練習環境の差は、由希が考えているよりはるかに大きかった。

高校では実力的に他の部員を圧倒していた自分だが、大学では新入生ということだけでも非力を痛感する。特に由希にとって衝撃だったのは、コーチの厳しさと、練習の質も量も想像を超える過酷なものだったことだ。高校時代まで父親のように慕っていたコーチとは異なり、大学でのコーチは、事あるごとにプレッシャーを感じさせる声かけが多い。「ちゃんとやっているようには見えない」「お前はもっとできるはずなのに、手を抜いているのか」と。言い方もどこか皮肉っぽく事務的で、選手を思う温かさが感じられない。

そもそも、由希にだけ多くの時間を割いて

くれるわけでもない。1年生の由希にとっては、コーチに話かけるのも非常に勇気がいる。6月頃に風邪をこじらせて練習を数日休んだ時に、病後の練習メニューについてアドバイスをメールでコーチに求めたところ、「自分でしっかりと管理できなければ、部員として不適格だと思います」などと、にべもない返事をもらってからは、このコーチとはずっと関係を築けないのではという不安と諦めを感じるようになっていった。

このようなコミュニケーションの齟齬《そご》に加えて、練習の厳しさが由希の心身に追い打ちをかける。コーチとの信頼関係が築けない不全感には、入学した1年生の夏頃から悩まされていた。

同級生とも、雑談など仲は悪くないが、どうしてもライバル心が頭をもたげてしまう。由希は、同期の新入生の中では競技成績としては上位のほうであった。由希自身も、自分は他の同級生部員よりも優れているという、優越感をもっていなかったと言えば嘘になるだろう。

しかし、夏合宿を経て秋の大会から、自分より下だと思っていた同級生のほうが、好タイムをマークするようになってきた。何より自分の記録が伸びず、高校時代を下回る有り様である。「自分が上でなければならない」「成績が下がって、注目されなくなってきている」という焦りも感じるようになってきていた。

部の同級生の仲間だけでなく、先輩との関係も、端から見る限りではまったく悪くなく、仲良しグループそのものである。由希も見かけ上は、明るい大学生であった。しかし内心では、

後輩にも追い抜かれてしまうかも…

孤立感や「コーチさえもっと協力してくれれば」など、被害者意識の強い考えが芽生えており、明るい大学生を「演じて」いるというほうが正しい表現だったのかもしれない。

大学2年に進級し、練習準備のための雑用など1年生に課されていた義務からは解放された。後輩部員が入ってきたことで余裕が出たのと同時に、「下の子にも（記録が）抜かれるかも」という不安も生じ、新入生の時のような緊張とはまた異なった、落ち着かないものを由希は感じていた。

◉試合で異変が

ユニバーシアード代表の選手選考に向けた重要な試合で、これまで経験しないような違和感が由希を襲った。試合前日、そして試合当日は、他人には表現できない緊張感に包まれる。由希は何度もその緊張感を武器にして、結果を出してきた実績と自信があった。しかし、試合前日から、これまで慣れ親しんだ緊張感をまったく感じないのである。

その夜は睡眠も問題なく、試合当日を迎えた。しかし、緊張感は湧き上がって来ない。「負けたっていいんだ」「自分なんて、どうなってもいい」という、明らかに投げやりな気持ちが湧いてきたのだ。これには、由希自身が不安になった。結局得意としている種目でも、惨憺たる結果に終わった。大惨敗の記録を見ても、不思議と悔しさはおろか、怒りも悲しみも湧いてこなかった。

敗北の日から、由希には練習や試合にかける意欲が、枯渇してしまったように感じられた。しかしそれでも由希は、やる気が起こらない状況でも、無理にでも自分をトレーニングに駆り立てようとしていた。なにせ、高校時代は栄華を誇った自分の水泳人生だ。そう簡単には投げ出せない。しかし、自分を駆り立てようにも身体が言うことを聞かず、自信もエネルギーも喪失した状態であった。

努力しても結果がついてこない、報われないという状況を繰り返し、「努力さえできない」状況に至ってしまったのだ。

◉競技からいったん距離を置く

由希は結局、水泳競技をいったん離れることになる。後日友人に話したところでは、「どうして自分は泳いでいるんだろう、という思いが頭から離れない。集中しなければならない練習中でも考えてしまい、急に息が詰まった感じになる。泳いでいて涙がポロポロ出てきて、自分でもおかしい、不思議だと思うことがしょっちゅうあった」

「やめたいと思ったことは何度もあったが、実際にやめることはまったく考えなかった」

「競技以外に何もやってこなかった。やめて何をしたらいいか、まったくわからない」

今は、自分の本当のやりたいことを、見つめ直す時間に当てている。水泳を離れて寂しくなることはあるが、水泳とは別のものも見つけなければならないという意識は確かなものとなってきており、考えたり行動したりすることが少しできるようになってきている。

ポイント解説⑤

日々精力的に活動していた人が、突然「燃え尽きた」かのように無気力になってしまうことがあります。この現象は、「バーンアウト」と呼ばれます。バーンアウトは、勤勉で過重労働傾向の日本人にとっては、他人事ではない親和性があるのではないでしょうか。

バーンアウトは正式な診断名ではありませんので、このような状態で精神科や心療内科を受診してもバーンアウトと診断されることはありません。症状や経過に応じて、「適応障害」「うつ病」といった診断名になると考えられます。

バーンアウトとは、どのような状態をいうのでしょうか。バーンアウトは「燃え尽き」という意味で、そのため「燃え尽き症候群」と呼ばれることもあります。

☑バーンアウトの由来・定義・特徴

バーンアウトが見出されたのは、激務で知られる医療現場からです。アメリカの精神科医であるフロイデンバーガーは、自らのクリニックで精力的に働いていたスタッフが次々と「燃え尽きていく」のを目の当たりにし、この現象を「バーンアウト」と名付けました。

以来バーンアウトについて様々な研究が行われてきましたが、現在の定義としては、「精力的・活力的に取り組んできたことに対して、期待・目標とかけ離れた結果が続くことで、これ以上頑張れなくなってしまう状態」だとされています。その後、同じような問題が、教師やソーシャルワーカーにも報告されるようになりました。

特徴として、対人専門職に従事する人たちがバーンアウトに陥りやすいとされていました。スポーツでは、アスレティックトレーナー、コーチなどにもしばしば見られる問題です。

しかし由希の例で見るように、対人専門職ではないのにもかかわらず、記録の停滞や敗北、怪我などによる抑うつなどを呈したアスリートにも、バーンアウトの概念が適応されるようになってきています。

☑バーンアウトの症状

バーンアウトに至ると、様々な症状が出現します。その中でも以下の3つが、特徴的な症状とされています。

(1) 情緒の枯渇

バーンアウトでは文字通りこころが「燃え尽きて」しまいます。感情が枯れ果ててしまい、まるで人形のように無感情になってしまいます。もともとは明るく精力的に活動していた人が、まるで魂が抜けたかのように無感情になってしまいます。

ほとんどの場合、バーンアウトする前に「自分は無理をしている」「このままではまずい」と薄々は気づいています。しかしそれを受け入れずに、無理をし続けてしまいます。表面上はいつもと変わらないように見えても、ある日限界を超えて突然動けなくなってしまいます。

(2) 脱人格化

元気だった時と人が変わったように、人への対応がよそよそしい、冷淡、事務的になることがあります。今までは一生懸命頑張っていた、サポートしていた人が、急によそよそしくなります。中には相手に攻撃的になったり、突き放すような言葉をかけたり、イライラした態度を示すこともあります。

対人関係にこれ以上余計なエネルギーを使わせないように、自分を防御しているとも解釈できます。

（3）個人的達成感の減少

バーンアウトに陥ると、自分のやっている努力や目指している目標に対して、達成感を感じられなくなってしまいます。何より、それまでやってきたことに対しても自信をなくしてしまいます。アスリートの場合は、アイデンティティの拠り所だった競技への自信を失うことは、自分の人生の意義を見失うことでもあります。

こうなるとパフォーマンスは低下し、さらにバーンアウトしやすくなるという悪循環が生じます。さらには、達成感が感じられなくなるだけでなく、絶望感を非常に強く感じるようになります。

☑アスリートのバーンアウト

アスリートに生じるバーンアウトに、他職種のバーンアウトと異なる特徴はあるのでしょうか。アスリート用のバーンアウト尺度を作成したマスラックとジャクソンは、以下に示す4つの特徴を挙げました。今回の由希にも、当てはまる項目だと考えられます。

・競技に対する情緒的消耗
「競技生活にうんざりした」「練習が嫌でたまらない」
・個人的成就感の低下
「周りから認められていない」「チームに貢献していない」
・チームメイトとのコミュニケーションの欠如
「チームメイトから迷惑だと思われている」「うまくコミュニケーションできない」
・競技への自己投入の混乱
「競技生活に価値がもてない」「練習に身が入らない」

☑バーンアウトからの回復・予防

バーンアウトへの対処は、まずはストレスの軽減です。役割の曖昧さや自分の期待感と現実のギャップは、バーンアウトを悪化させます。個々の役割や練習意義の再確認、目標設定の見直しと練習計画の修正などが求められます。

アスリートならではの完璧主義、強迫性を緩める地道な思考練習も必要です。自分の気持ち

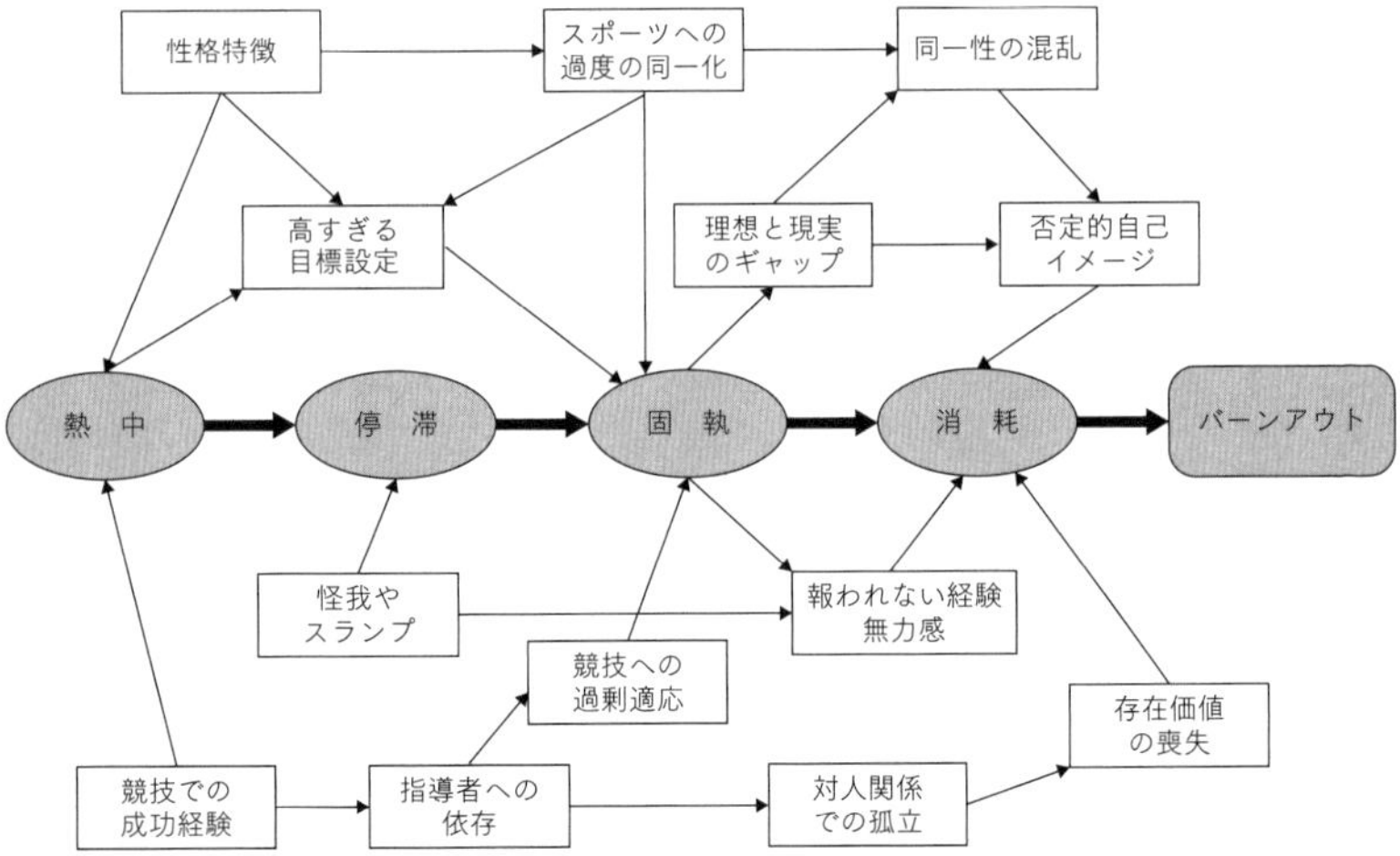

図　バーンアウトのプロセス（岸、2008）
図中の同一性はアイデンティティのことである。

を納得できるように考え方を修正していくことが、一番大切な作業になります。

理想と現実とのギャップが非常に大きく、完璧主義的傾向から現実を無理に理想に近づける努力が破綻して生じるのが、バーンアウトです（図を参照）。理想のレベルを下げていく、言い換えれば「諦める」「妥協する」「白でも黒でもなく、灰色で受け入れる」という気持ちももつように努めていくのが、バーンアウトからの回復法です。

ただし、個人の努力では限界があります。指導者や友だちからのサポートが、バーンアウトからの回復や予防にとって重要です。ちょっとした声かけや、話をちょくちょく聞いてあげることが、バーンアウトへの対処にとっては大切です。

抑うつ傾向が強い時には、精神科医や心理カウンセラーの関与が必要になります。バーンアウトでは、競技は続けるべき、練習すれば必ず良くなるといった、競技に固執する特異な認知が見られます。競技の中断は強い不安を伴うため、「競技イコール人生」というアイデンティティの再体制化（再構成）も見越したカウンセリングが必要になってきます。

（西多昌規）

第6章 悪気はないのにじっとしていられない
――子どものADHD

ケース⑥

武雄の母親は幼稚園の先生から「落ち着きがなく、先生の話を聞いていない」「急に何かを思い立って、外に飛び出してしまって安全の確保に困っている」と言われていた。家でも同じようなことがあったため、幼稚園の先生の話はうなずけるものだった。ただ一方で、好きなことになると異常なほどの集中力を見せたり、とにかくエネルギッシュで身体を動かすことが好きな子どもでもあった。

◉小学校生活でのトラブル

小学生になると、担任の先生から幼稚園時代と同じようなことを指摘されるようになった。「とにかく落ち着きがなくて、授業中に気になることがあると手を挙げずに発言してしまったり、離席して友だちのところに話しに行ってしまって困っている」と言われた。学校にいると

いうスクールカウンセラーも紹介され、母親は早速面談の申し込みをした。スクールカウンセラーは、小さい頃からの武雄の様子と現在の学校や家での様子を確認すると「一番困っているのは武雄くんかもしれない。悪気ない行動を叱られ、否定され続けると自己肯定感が低くなってしまい、何事にもやる気がなくなっていくことが心配。薬物治療により助けられる部分があるかもしれないから、児童精神科を受診してみるのはどうか？」と提案した。また学校での環境を整えることも大切だとして、担任の先生に武雄の特徴を伝え、武雄の席の工夫や注意の促し方などを話し合ってくれた。

母親は〝児童精神科〟と聞いたことにはじめは拒否感や当惑もあったが、それが一縷《いちる》の望みになるのならと受診してみることにした。精神科医は、小さい頃からの様子を丁寧に確認し、注意欠如・多動症（ＡＤＨＤ）という障害であり、治療としては（１）環境調整、（２）薬物療法の可能性を説明してくれた。（１）については、学校やスクールカウンセラーと連携をとってくれること、（２）については「これまでよく頑張ってきたね」と労い、薬物の必要性を母と本人にもわかりやすい言葉で説明し、処方をしてくれた。母が薬物療法の必要性を理解し、武雄にも繰り返し説得を重ね、何とか服薬させ続けて２か月ほどで、ようやくトラブルを知らせる学校からの連絡が少なくなってきた。

◉スポーツを勧められて

落ち着いた生活が半年ほど続いたところで、精神科医から「何かスポーツをやると落ち着くこともありますよ」という提案をしてもらった。母親は、「動くことが武雄には合っている」という考えを以前より持ち合わせていて、武雄の良い面を伸ばすという意味でも何かスポーツをやらせたいと考えていた。当時父親と兄がやっていた野球チームに週末に一緒に参加させ、平日には水泳に通わせることにした。武雄はどちらも大好きになり、楽しく通い始め、その効果もあってか学校での様子も落ち着いていった。

小学校３年生の時には、野球では高学年チームにも駆り出されて試合に出るようにもなっていった。打つこと投げること走ること、どれも武雄の持ち前の瞬発力や集中力、身体能力を活

かし、年齢よりも上手にできたが、大事な道具を忘れて帰ってきてしまったり、サインを見ることを忘れてしまってチームの連携が乱れてしまうことが時々起こった。一方、水泳のほうは、まさに水を得た魚のようにぐんぐんと力を伸ばしていき、この頃には個人メドレー（バタフライ、背泳ぎ、平泳ぎ、クロールの4種すべて）を泳げるまでになっていった。

小学校4年生になる時には、野球も水泳も本格的に競技に打ち込むコースに進めるレベルになっており、日程的に両立が困難となり、どちらにエネルギーを注ぐのか決めなければならなくなった。母親は、チームプレーである野球では周囲に迷惑をかけてしまうかもしれないこと、それによって武雄も苦しい立場に追い込まれてしまうのではないかと危惧し、率直にそれを武雄に話した。野球をやめなければならないということには悔しい想いもあったが、水泳も好きだったので、武雄は水泳一本でいくことに決めた。

それからは週に4日水泳の練習に通った。武雄は指示を十分に聞かずにすぐに行動してしまったり、コーチの指示を勘違いしていたりということがあった。コーチは、まず武雄の言い分をよく聞いた上で、褒めるところは褒め、直さなければならないところは武雄のわかるように伝えてくれていた。武雄の特徴を理解し対応してくれるコーチをはじめ、多くの理解者に囲まれ、武雄はのびのびとした環境の中で成長し、めきめきと頭角を現していった。

ポイント解説⑥

このケースは発達障害の1つである注意欠如・多動症（ADHD）の特徴をもつ少年についてです。

ADHDは、次の3つの特徴をもっています。

（1）注意集中困難：ひとつに注意を持続的に集中させることができない。何かに注意を向けていても他の刺激が入るとぱっとそちらに注意が移ってしまう。ケアレスミス、話を聞いていていない様子で生返事が多い。物事を計画通りに進められずやり遂げられない。なくし物、忘れ物が多い。

（２）多動性：落ち着きがない。じっとしていられない。女子ではしゃべりすぎる場合も。
（３）衝動性：衝動や欲求のコントロールが苦手で、それにすぐつき動かされてしまう。状況を見ずに行動に走る、待つことができないなど。

☑アスリートとＡＤＨＤ

これをお読みになり、あの子もそういうタイプの子だったかも……、と思い返したり、自分も近いものがあるかも……、と思われる方はたくさんいらっしゃるかと思います。実はＡＤＨＤの特徴をうまく活かしてトップアスリートになっている有名な選手がいます。アメリカの水泳選手マイケル・フェルプスです。彼は金メダル23個をはじめ計28個ものメダルを獲得しました。マイケルは幼稚園児の頃は、静かにできず、じっともしていられない子どもでした。９歳の頃にＡＤＨＤと診断され、当時処方可能であったメチルフェニデート錠（リタリン）を服薬した時期があったということです。

筆者が国立スポーツ科学センターでトップアスリートの相談を受ける中で、こうしたＡＤＨＤが背景に考えられるアスリートに出会うことも経験しています。診断まではつかない特徴の程度だとしても、ＡＤＨＤ傾向があると理解した方が周囲も対応がしやすいというケースもありました。ＡＤＨＤの有病率は、学齢期で３～５％、成人期では２～２・５％、男女比は学齢期においては4～5：1で男性に多いと言われています。学齢期の約40人クラスで1～2人いるという割合になり、こういった特徴を背景にもつスポーツ少年少女が存在することはなんら不思議ではありません。

☑二次障害に気をつける

ＡＤＨＤの子どもは人懐っこいところがありますが、こういった衝動性の高さや多動性のために扱いにくい部分もあり、養育者の虐待的な対応を引き起こしやすい可能性もあります。また、「周囲を困らせる」存在と認識されやすいところがあります。その誤解により、子どもの気分は抑うつ、無気力となり、社会に背を向け孤立しやすく、容易に自己評価を低く見積もらせるようになり、時に、周囲に対して被害的になりやすく攻撃的な想いを抱くことがあります。これは二次障害と呼ばれますが、早く気づくこと、周囲の理解と適切な対応が二次的症状を最小限に食い止めることにつながると言われています。

武雄も、もしこのコーチのように理解してくれる指導者に巡りあわなければ、「何やってるんだ！」「ちゃんと最後まで聞け！」と怒られ続け、水泳も嫌いになっていたかもしれません。さらに、「どうせ自分なんて何もできないダメな奴なんだ」と自分に対して低い評価をもち、何事にもやる気がなくなり、そのうちに誰かに怒りをぶつけるような事態になってしまっていたかもしれません。こうなってしまうと長期にわたって二次障害に苦しむ事態となってしまいます。

☑ADHDの子どもの治療や支援

ちなみに治療や支援としては環境調整と親・子どもへの心理社会的治療、学校など関連専門機関との連携がまず実施されますが、それが効果不十分な時に薬物療法を追加します。現在では、6歳以上に対してメチルフェニデート徐放錠（商品名：コンサータ）やアトモキセチン（商品名：ストラテラ）、グアンファシン（商品名：インチュニブ）が処方されています。ただし、メチルフェニデート徐放錠に関しては、興奮薬として世界ドーピング防止機構（World Anti-Doping Agency）や日本アンチ・ドーピング機構（Japan Anti-Doping Agency）で「禁止表国際基準」に掲載されており、使用には注意が必要です。病気や怪我の治療のために使用する必要がある場合、アスリートが適切な治療を受ける権利を守るために、TUE（治療使用特例）という制度が設けられています。これは、医師とアスリート本人とが必要書類に記載・申請し、TUE委員会で審査・承認されると禁止薬物の使用を認められるという制度です。これらの規則を守るためにもスポーツドクターかスポーツファーマシストなどの専門家に相談・確認をし、適切に利用できるとより安全だと思います。

紙数が限られているので詳細は割愛しますが、ＡＤＨＤに関しては多くの良書が出版されておりますので、ご覧いただきたいと思います。ＡＤＨＤの３つの特徴は生活上はハンディキャップになり得ることも多いですが、競技の中でうまく活かされれば大きな力を発揮する可能性を秘めています。その可能性を開花させるかどうかは関わる大人たちの手にゆだねられていることに自覚と責任をもちたいものです。

そして選手として開花された才能が、その後、監督やコーチとしてうまく活かされるかというとそれもまた難しい問題です。多動性は年齢と共に落ち着いていきますが、衝動性や不注意の部分は残存していく場合が多く、思いつきで行動したり、きめ細やかな指導が行き届かないということも起こりえます。また言語的に説明する力よりも感覚的な力が長けていることが多いため、各選手に合わせた形での指導が難しいこともあるでしょう。しかし持ち前の人懐っこさから、選手たちからの厚い信頼を得ていることも多いのではないでしょうか。彼らの特徴を理解した補佐役に、行き届かない部分をフォローしてもらえると良い指導体制が組めるのではないかと思われます。

（関口邦子）

第7章

いつも食べ物のことが頭をはなれない
――摂食障害

ケース⑦

佳美は5歳の時から新体操教室に通い始めた。母が昔、新体操選手だったこともあり、3歳上の姉も佳美も母に言われるまま通っていた。女性の伊藤先生は、教室からオリンピック候補選手を輩出したことがあるほど指導力が高く、その分厳しいと評判だった。

◉競技生活に没頭する小・中・高時代

小学校に入ると、週に2日通うようになった。先生は小学生にも厳しかった。しかし、教室に通う生徒は、小さい頃からそういった指導に慣れているため命令に近い指導や時に理不尽な指導を受けても従順に教えを守ろうとしていた。そのような中、佳美はどんどん難しい技を習得していき、それが楽しくて仕方がなかった。

小3になると選手クラスに入ったことで週に4日通うようになった。そのクラスには小学校

高学年以上が属し、佳美は一番年下だった。姉をはじめ周りのチームメイトは、年下なのに自分たちと同じレベルのクラスにいる佳美の存在を疎ましく思うところもあり、佳美は集団の中でなんとなくぽつんといることが多かった。選手クラスということもあり、学校から帰るとおやつを食べて、すぐに宿題をし、夕方17時から21時までのハードな練習をこなす毎日だった。帰ってから、夜ごはん、お風呂、睡眠……と寝る時間は23時をまわることもあり、朝なかなか起きられないということもしばしばあった。周囲のクラスメイトは放課後に友だちと遊ぶ約束をしていたが、それは眼中になく、競技に没頭する日々だった。

こうしたハードな練習の甲斐もあり、小4から全日本小学生選手権大会で入賞、小5、6と2年連続優勝を果たし、海外の大会に参加する貴重な経験を得た。その大会のレセプションで身振り手振りで他国の選手とコミュニケーションを取ったことが非常に楽しかった。帰国してからもっと会話がしたいと英語を勉強し、海外選手と簡単な会話をメールですることができるようになった。友だちの少ない佳美にとってはこのことが楽しく、また競技の支えともなっていた。

中学生になってもどんどんと難しい技を覚えていったが、その上達ほどには表現力が伴わず、得点に結びつかなかった。それでも全日本中学生選手権大会では、中1でベスト16、中2でベスト4、中3でベスト8とまずまずの成績を収めたが、佳美としては中学でも優勝しなければ意味がないと思っていたので、相当の悔しい気持ちとなぜこれだけ練習しているのに優勝できないのかという戸惑いや焦りもあった。高校は、スポーツ推薦でスポーツクラスに入学した。しかし実際は、海外遠征した際に興味をもった英語の学びをさらに深めたいと英語の勉強と競技が両立できる道を選ぼうとしていた。しかし、先生も両親も「新体操に打ち込める最高の環境を」と進学先を考えたため、佳美の希望は聞いてもらえなかった。高校での成績は団体のみの優勝に留まり、個人でベスト8以上の成績を残すことはできなかった。

●大学進学をきっかけに狂う歯車

大学進学の際、様々な大学から声がかかった。先生と両親が各大学と話をし、佳美にとって一番良い条件を整えてくれた大学を進学先に選んだ。佳美の希望は特に誰からも気にされることはなかった。佳美はこの大学が実家からは通えず、寮生活になることに一抹の不安を覚えた。先生も両親もいない環境に置かれ、拠り所が一気になくなり、心細かった。大学の顧問はメニューは渡してくれるが「自分で考えてやって！」「チームメイト同士で、技を見合って！」と言うことが多かった。また、時には伊藤先生と大学の顧問で指導のポイントが違ったりするので、佳美はどうしたらよいのかまったくわからなくなり、混乱してしまった。周りのみんなも「前の先生と顧問とでアドバイスがビミョーに違うから困るよね〜」などと話してはいたが、みんなはうまく聞いたり流したりして、自分なりにアドバイスを取り入れているように思えた。

佳美はチームメイトに相談したかったが、ライバル同士ということもあって、のらりくらりとかわされるだけであった。これまで困った時には伊藤先生が手取り足取り指導をしてくれ頼り切っていたこともあり、佳美はどうしていったらいいのか途方に暮れ、また自分の味方は誰もいないんだと孤独感を募らせた。

ちょうどその頃から、佳美は寮で出される夕食を食べてもまだ何か物足りない気がして、コンビニに行って、小さな袋のポテトチップスを食べてしまうようになった。そうすると、今度は甘いものが食べたくなり、またコンビニに行き、アイスとチョコレートを買って食べる。食べている間は孤独感も忘れられ、むしろ多幸感を感じるほどだったが、その後に後悔の念が押し寄せ夜も眠れないのだった。それが週に1度くらいのペースで起こっていたが、徐々に頻度

が増え、自分でも変だなと感じ始めていた。自分の身体に肉がついていく感じが嫌だったし、回転技もいつもよりキレがない感じがしていた。

　こういった過食が増えていく中で、恒例の体重測定があり、自分の体重を見て愕然とした。ベスト体重から4kgも増えてしまっていたのである。顧問から「地区大会も近いし、もうちょっとやせないと」と言われ、確かに自分でもそう思い、ダイエットすることにした。朝ごはんはしっかり食べるが、昼と夜ごはんは極力炭水化物は避け、野菜中心にした。食べたい気持ちもあったが、地区大会はインカレに続く大事な試合だったため、何とか抑えた。すると3週間ほどで体重が6kgも減った。しかし、体重が急激に減ったため軸がぶれてしまい技のタイミングをどうすればよいのか、さっぱりわからなくなってしまった。体重はせっかく減ったのに、まったくうまくいかなかった。生理も止まってしまったが、それを気にする余裕も、誰かに相談することもできない。地区大会では、何とか目標とする点数がとれ、かろうじて全国大会（インカレ）への出場権を獲得した。

しかし、実は試合中から頭の中は「この試合が終わったら、アイスと、あの店のパフェ、チョコレート、焼き肉の食べ放題にも行こう」と食べ物のことでいっぱいだったのである。試合後すぐにみんなの輪から離れて、コンビニに直行。お菓子を買って食べ、試合観戦に来ていた両親にせがんでもらったお金で一人で焼き肉屋に行き、お金を使い果たすほどの量をたいらげてしまった。練習は休む暇もなく次の日から開始されたが、練習中も食べ物のことで頭がいっぱいで、夜になると寮を抜け出しコンビニでお菓子を大量に買ってくる。佳美も自分自身がどうにかなってしまった、自分をコントロールできないと感じ、不甲斐ない気持ち、そして自分のことも責める気持ちが日に日に増していった。

そんな時、過食して気持ち悪くなり、吐くとスッキリした。「これはいい」「食べても帳消しにできる」と思い、過食してしまった時には自分で吐くようになった。しかし、吐いているはずなのに、体重は減らずむしろ増えていくことにイライラして、また過食してしまうという悪循環をたどっていた。この時にはベスト体重から8kgも増えてしまっていた。大事なインカレでは惨敗してしまい、顧問からは「体重をコントロールできないなんて選手じゃない！　体重が落ちるまで戻ってくるな！」と最後通告を言い渡された。それが誘因となり、さらに過食嘔吐が進み、とうとう佳美は「競技をやめたい」と思うようになってしまった。

◉恩師との久しぶりの出会い

伊藤先生は、久しぶりに会った佳美の暗い表情とむくんだ顔に違和感を感じた。「どうしたの？」と声をかけたが、いつものように「大丈夫です！」と返事をするだけだった。それでも気になった先生はメールで何度も連絡をとると、ようやく佳美から過食嘔吐してしまうことや無月経であることを聞き出せた。先生は女性アスリート特有の三主徴について知っていたこともあり、何度も心配していることを伝え、ようやく心療内科に連れて行くことができた。心療内科医は佳美を労い、「詳しい話をまずはカウンセラーと話しませんか？」とカウンセリングを勧めた。

カウンセリングで佳美は、大学に入ってからの戸惑いや混乱、孤独感、食をコントロールできないことへの自責感や競技をやめるしかないと思い詰めた気持ちについて少し話すようになった。カウンセラーは佳美を否定せず「大変だったね」「頑張ってきたね」と労ってくれた。早くやせて競技に復帰したい気持ちについても、カウンセラーは「過食も自分のこころからのSOSだと思って、今は焦らずそのSOSをきちんと見ていこう」と言ってくれた。早く復帰したいという気持ちもあったが、確かにそうだなという気持ちもあり、ゆっくりと治療していこうと思えた。練習に行くと他の選手と自分を比較してしまい、焦る気持ちが出てくるので、しばらく休みにさせてもらった。しかし、空いた時間をどんなふうに過ごしたらよいのか途方に暮れる思いだった。カウンセラーに話すと「これまでずっと周りが決めてきた道を歩んできた。今はどうしていったらよいのか、その道を自分で決めようとしている。その経験は大事なものになる。まずは好きなこと、その日に感じたままに動いてみてもいいのでは？」と言ってもらった。自分にとって、好きなことってなんだろう、これまで新体操しかしてこなかったから、自分には何もない……と不安になり、逆に何かをするよう指示が欲しいと思うこともあって悶々とした日々が続いた。また、はじめは気づいたら過食していることが多かったが、「そういえば、テレビで同じ年齢の選手が活躍しているのを見て、自分は何を立ち止まってるのだろうと思って過食してしまったんだった……。本当は悔しかったんだ……」ということや「過食すると空っぽの自分が詰まっていく感じがする……」と過食している時の自分のこころの内側を少し見ていくことができた。

そんなカウンセリングを続けるうちに、少しずつ、少しずつやりたいことが出てきた。前から興味のあった英語を勉強しようと映画を観てみたところ、ある女優が出演する作品に惹かれ、何本も観た。その女優は、監督の指示を聞いてただ演技するのではなく、原作に立ち戻って作

このままで大丈夫　私は私

品を深く理解し、自分なりの表現を工夫しているのだった。佳美は、映画の舞台となった地に一人で旅行したり、その女優がどんなふうに映画作品と向かい合うのか知りたくなってインタビューやメイキング映像を観たりもした。佳美はそんなふうに生活する中で、これまで競技中心の生活で、難しい技をいかに完璧に言われた通りにやるかということばかり頭にあり、新体操を楽しむ気持ちは忘れていたこと、自分を表現するための自分を育てることを忘れていたことに気がついた。

カウンセリングを始めて半年くらいしてからは、なんとなく過食が減ってきたような感じがあった。1年半ほど競技からは離れたが、食事のカロリーも気にならなくなり、適量で満足し、体重も安定した。また自分は「このままで大丈夫」「私は私」という気持ちになり、競技に復帰することができた。自分の内面を見

表1　神経性やせ症　DSM-5 診断基準

A	カロリー摂取を制限し、有意に低い体重に至る
B	低体重であるにもかかわらず、体重増加に対する強い恐怖があり、または体重増加を妨げる行動を続ける
C	自分の体重や体型についての間違った認識をもち（身体像の障害）、体重や体型が自己評価に不相応に影響している。または現在の低体重の深刻さの認識が欠如している

（American Psychiatric Association 著、日本精神神経学会日本語版用語監修、2014）

つめ、自分のことがわかってきたことの結果として表現力が身に付き以前よりも得点が伸びるようになった。

ポイント解説⑦

佳美は、アメリカ精神医学会の診断基準（DSM－5）で示されるところの「食行動障害および摂食障害群」、一般的に言う摂食障害であることが疑われます。これは身体的原因がなく、食事へのこだわりから食事が食べられなくなったり、不適切な食べ方をする病態のことです。摂食障害は主に神経性やせ症（表1）と神経性過食症（表2）に大別されます。

女性アスリートは一般人に比べ、摂食障害の発症危険率が2～3倍高いと言われています。競技類型では、体操、新体操、フィギュアスケート、バレエ、チアリーディングなどの審美系競技でリスクが高く、マラソンなどの持久系競技、柔道、レスリング、ウエイトリフティングなどの体重―階級制競技で多いとされます。

表2　神経性過食症　DSM-5 診断基準

A	反復する過食エピソード
(1)	他とはっきり区別される時間帯に、他の人より明らかに多い食物を摂取
(2)	食べることを抑制できない感覚
B	反復する不適切な代償行動（例：自分で食べた物を吐く、下剤を乱用する、利尿剤を使う、絶食、過剰な運動など）
C	過食と不適切な代償行動がともに平均して3カ月以上にわたって少なくとも週1回
D	自己評価が体型および体重の影響を過度に受けている
E	神経性やせ症のエピソードの期間にのみ起こるものではない

（American Psychiatric Association 著、日本精神神経学会日本語版用語監修、2014）

女性アスリートに多い健康問題として、アメリカスポーツ医学会（ACSM）では、利用可能エネルギー不足、視床下部性無月経、骨粗しょう症の3つの疾患を「女性アスリートの三主徴」と定義しています。以前は、この定義のうち利用可能エネルギー不足は摂食障害という定義だったのですが、摂食障害という診断がつく前からの早期介入が必要であることから、2007年に定義が変更されています。この3つの疾患は独立して存在するものではなくそれぞれが関連しあっていますが、この三主徴の始まりは、利用可能エネルギー不足（運動によるエネルギー消費量に見合った食事からのエネルギー摂取量が確保されていない状態）と考えられています。ACSMでは、利用可能エネルギー不足の第一段階のスクリーニングとして、成人ではBMI17・5kg／㎡、思春期では標準体重の85％以下を用いて評価しています。利用可能エネルギー不足が長期間続くと、排卵がなくなります。

排卵が見られなくなると、もともと規則的に来ていた月経が不順になり、この段階で利用可能エネルギー不足が改善されなければ無月経になります。無月経になるとエストロゲンというホルモンが低下することにより骨密度が低くなってしまうのです。

佳美は、利用可能エネルギー不足の状態が長く続いたことにより無月経になってしまっています。このままの状態が続けば、骨密度が低下し、疲労骨折のリスクも高まると言えます。

☑アスリートの心理と摂食障害

さて、佳美はダイエットから利用可能エネルギー不足に、そして摂食障害へ至ってしまったのですが、なぜアスリートは摂食障害にかかりやすいのでしょうか。それは摂食障害特有の心理行動特性とアスリートの陥りやすい悪循環思考に類似点が見出せるからだと言われています（表3）。佳美も先生の指導を従順に聞いて従うといった「過剰適応」、完璧に技を仕上げたい、優勝しか意味がないという「完璧主義」、練習を熱心にやったり、体重をコントロールしようとする「強迫性」、英語を勉強したいという気持ちを意識から締め出す（周囲が佳美の気持ちを大切にしてこなかったゆえもある）「抑圧／失感情」の部分ももちあわせており、摂食障害に関する心理機制、つまりこころのあり様と重なる部分が多いようです。しかし一方で、こういった特徴というのは、競技者にとっては有利に働く心性でもあり、こういった特徴があるか

表3　摂食障害に関係する心理機制（左）とアスリート心理（右）との関連

完璧主義／極端な認知	完璧を求める／金メダルしか意味がない
過剰適応／優等生傾向	指導者にとってのいい子／競技内外で人格者を要請される
コントロール／強迫性	強い自己鍛錬、忍耐、努力
抑圧／失感情	不平不満を言わないのがよい選手
自己評価／自己嫌悪	本当の自信を得ることの難しさ
衝動性／攻撃性	競争と闘争は必然
成熟拒否／性同一性	生物学的性差が競技パフォーマンスに与える影響

（上原、2011）

らこそ、高いレベルの競技力につながるとも言えるのです。ですから、高いレベルの競技者であればあるほど摂食障害と隣り合わせなのだということが言えるかもしれません。

☑思春期のアスリートと自分づくり

また進学についても、大人たちが良かれと思って一番よいと思われる環境を用意したのですが、結果として佳美が主体的に悩んで決めていくという体験をあまりしないまま大学生になってしまいました。そして練習に明け暮れる毎日だったため同年齢の友だち関係の中でもまれる体験も少ないままでした。第1章の解説で説明したように自分づくりをしていく上で親の代わりとなる親友（移行対象）の存在は非常に大切です。

佳美はこの移行対象の存在がないがために自分づくりがうまくいっていないところもあるようです。それは

「空っぽの自分」と表現されるところや、「好きなことがわからない」といったところから読み取ることもできます。どこか自分に軸とか核といったものがないような感覚なのかもしれません。カウンセリングで少しずつ自分の内側と触れていくことで、そういった軸や核が育っていき、主体を取り戻す作業をしていったと言えるでしょう。

本章の筆者である関口らは、何らかの悩みを抱えて相談に訪れる思春期トップアスリートのこころの心理的な発達過程を調べたことがあります。そこで分かったことは、以下のようなことでした。佳美のように競技中心の生活ゆえ自分づくりに必要な友人関係を築きにくい思春期のトップアスリートらは、多面的な役割を担ったカウンセラーに支えられて少しずつ試行錯誤を始めます。それを繰り返しながら、徐々に自分らしい感覚を探し出し、主体性を育んでいくという点にあると結論づけられました。佳美も過食という症状をきっかけとしてカウンセラーに出会い、試行錯誤する中で自分らしい感覚を探し出していきました。悩んだ結果、自分らしさに出会え、表現する力へとつながっていったのではないかと思えます。

筆者は一般精神科において、選手時代から断続的に過食嘔吐を繰り返し、引退してから15年ほど経っても過食嘔吐を繰り返している元日本代表レベルのアスリートに出会ったことがあります。摂食障害は嗜癖（特定のものを好む傾向）の側面もあり、習慣化してしまうこともありえます。佳美のケースは、発症してから比較的早くに周囲が気づいて心療内科やカウンセリングへつなげることができ、結果として1年半で復帰できました。さらには、発症をきっかけに自分づくりも進んだようです。摂食障害に限らず、早期発見・早期治療の必要性はうたわれています。できるだけ周囲が早期に気づき、批判せず心配している態度で、治療を拒否する場合も罰するような言動は慎み悪影響について誠意をもって説き、受診を勧めるのがよいでしょう。

（関口邦子）

第8章

自分の性別に感じる「何とも言えない」気持ち

——性同一性障害（性別違和）

ケース⑧

奈都美からメールをもらって最初に会った時には、ボーイッシュな女の子という感じで、アスリートには珍しくはないタイプだと思った。髪の毛は短く、野球帽をかぶって、ちょっとダブっとしたシャツとダブっとしたジーンズを履いていた。お化粧はしていない。話をしてみると、非常にしっかりと話をするが、飾り気のない話し方だった。女子野球チームに入っているということで、女子寮に入っているが、それぞれが個室で、普段の生活の中では特に大きな問題はないということだった。しかし、お風呂などが共同で、他の選手と一緒に入ることになると非常に恥ずかしく思うようになったという。このような何か変な感じで、誰に相談してよいかわからないと言うので、女子トレーナーに話したところ、カウンセラーを紹介されたということだった。

◉小さい頃は

もともと、奈都美は外交的な性格ではなかった。どちらかと言うと、多少受け身で人の言うことをよく聞いた上で、自分のことを少し話すという感じであった。小さい頃から、男の子っぽい遊びが好きであったが、両親はそのことをさほど気にもしていなかったようである。女子として扱われるのを極端に嫌がったりするということも、周りから見る限りでは、非常に目立ったということはなかった。

父親の影響もあって野球は好きだったので、小学校の頃から父親とキャッチボールなどもしていた。好きなプロ野球チームの帽子をかぶったり、父親と一緒にプロ野球の試合を見に行くこともよくあった。父親は、娘と気が合うのでとても嬉しそうにしていたと、奈都美は話す。

小学校の時は、男子と一緒に少年野球をしていた。とても野球が上手だったので、試合にも出させてもらっていた。父親も、応援に駆けつけたりしながら楽しくやっていた。中学生になって、クラブ活動に所属することになった時、自分では野球をやりたかったが、野球部は男子

女子の集団活動の中で…

のみであったので、たとえ所属して練習に参加したとしても、試合には出られないようだった。そこでソフトボール部に入部することにした。本当は野球がやりたい、という気持ちはまだあったが、ソフトボールも楽しいので、クラブ活動には積極的であった。ただ、この頃感じ始めていたのは、女子だけのチームに入るということへの違和感である。何か、自分が女子の一員ということに対して、違和感を感じていた。かと言って、自分は男子かと言えば、そうではないこともわかっていた。

このような感覚は、中学生、高校生と通じて続いていた。しかし、そのような中でも、奈都美は自らの生活スタイルを自分なりにつくっていたようなところがある。なんとなく、男の子っぽくしていたが、周りから見ておかしいと思われるほどではない。奈都美なりのファッションというか、奈都美のイメージとしてこういう感じというのがあった。

恋愛というものには、あまり積極的ではなかった。男子に対して恋愛感情をもったりすることはなかった。女子はいつも周りにいたし、ちょっとかわいいと思う女子はいたが、そういう女子とも一緒に遊んだりすることは日常のことだったので、それでことさら悩むということも、あまりなかった。

◉野球クラブチームに入部

高校の半ばくらいから、女子の野球クラブチームに入れてもらったが、これはとても楽しかった。中学の間できなかった野球ができるようになったので、小学校の時のような気分も感じていた。また、野球をやっている女子選手はサバサバした人も多く、自分としても馴染みやすかった。このような中で、高校を卒業して大学生になっても、このクラブチームでプレーを続けていた。

このような競技生活は、自分としても気に入っていたし、大学生になってからの生活でも、何人か仲の良い友だちはできた。しかし、奈都美にとって、高校時代から気になることは続いていた。例えば修学旅行などで、女子が集団でお風呂に入るわけだが、そういう時には非常にドキドキしてしまい、恥ずかしい思いがあった。何か、自分だけが、周りと違うような感じがある。また、そういった時に遅くまで部屋で起きていて、他の女子学生が抱きついてきたり、布団の中に入ってきたりした時は、何とも言えない感じがしたし、そのような同室で一緒に眠るのは、非常に緊張し、なかなか眠れないこともあった。大学に入ってからはもっとそのような傾向は強くなった。

その頃、大学でもチームでも、「性同一性障害」という話を何度か聞いた。チームには、自分はそうだと言って、部屋を別室にしてもらう選手もいた。クラブチームは、そういったことには比較的柔軟に対応してくれたので、そういう選手は、お風呂も別の時間に入るなどしていた。奈都美は、しかし、そこまで自分の気持ちを人に伝えようという気には、なれなかった。自分が男性になりたいという強い気持ちがあったわけではない。しかし、一方で完全に女性として生きていくということも、うまくいかない気がした。また、何よりこの「性同一性障害」がどのようなものなのかということも、よく知りたい気もした。

◉自分について知る

このようなことで、悩んでいる時に、チームのトレーナーと話をしていて、一度カウンセラーに相談してみたらどうか、ということで紹介された。冒頭に記したように、最初の印象は、ボーイッシュな感じだが、女性だということははっきりわかった。何か、引っ込み思案な感じもあり、しっかり話すが、相手がどう受け取るかを確かめながら自分のことを言うようなところがあった。

そこで、性同一性障害について一般的な話をいろいろとしてみた。これまでに、たくさんの性同一性障害の人たちと話をしてきたことや、これは、「障害」という名前がついているが、決して病気で治さなければならないようなものではない、ということなども話した。また、このままどんどんおかしなことになってしまう、ということもない。ただ、現在すでに経験しているように、社会の中ではすぐにそのような人を受け入れてくれない場合もあるので、それなりの苦労もあるのだということも話した。

そのような話をいろいろと聞きながら、奈都美は、少し安心した表情になり、それまであまり相談できなかったことを、いろいろと話すようになった。そのような中で、性同一性障害にもいろいろなレベルがあり、奈都美はその中では、そうした傾向が最も強いレベルでもないということも話した。人によっては、自分の胸のふくらみを切り落としたり、性転換手術をしたいと思うが、そういうことはどうかと聞いてみると、そういう気持ちはまったくないと言う。むしろ、今のままで、この先特に結婚をしたりもせず、自立できるような仕事について、穏やかに暮らしていければよいと言う。このようなことには、その考え方でまったく問題がないということも話した。そのような生活は可能で、そういうふうにしている人は大勢いるので、そうすればよいとも話した。さらには、いま困っていることは性別の問題だけで、その他のことはまったく問題がないのだから、そのことで他人に対して遠慮したり、自分を卑下したりする必要はまったくないのだということも強調した。

性同一性障害は、自助グループもあり、そういった人たちと話をしてみるのもよいかもしれないと提案すると、そうしてみたいと言う。その後、実際にそのようなグループの活動に参加して、話をしてきたようであった。後日話を聞くと、その中には、アスリートもいて、ずいぶんと安心したと言う。

その後、カウンセリングに訪れることはなかったが、これまで通りクラブチームで野球を楽しみながら、大学生活を送れるようになったようである。

ポイント解説⑧

「性同一性障害」という言葉は、新しい精神医学の診断基準では「性別違和」という言葉に置き換えられていますが、ここでは、現時点でよりよく知られている「性同一性障害」という言葉を使います。

性同一性障害は、自分が男性あるいは女性であると感じる「性の自己意識あるいは自己認知」と、生物学的な性別が一致しないものとされています。性の自己意識あるいは自己認知は、ジェンダーアイデンティティとも言われ、これは日本語では性同一性と訳されています。性同一性障害は、このような性同一性が一致していない障害です。したがって、同性愛とは異なる概念です。同性愛は、性同一性とは別に、性的な対象として同性を選ぶ場合を言います。こういった場合、本人の性同一性は、生物学的な性別と一致している場合もあります。つまり、同性愛では自分は男だと思っているし、そのことは問題ないのだけれども、好きになる相手も男だということです。性同一性障害には、生物学的に女性で男性の自己意識をもつＦＴＭ（female to male）と、その逆のＭＴＦ（male to female）があります。

☑原因とカウンセリング

性同一性障害の原因はよくわかっていませんが、この問題が取り上げられた当初は、生育史上の何らかの問題から、自分の生物学的な性別を受け入れられず、他の性の自己意識が芽生えるという心理的なメカニズムによって生じるという説が優勢でした。しかしながら、その後の様々な研究の結果、このような心理的メカニズムよりはむしろ生物学的な要因、特に胎児期の内分泌環境によって生じるという考え方が優勢になっており、現在ではむしろこのような生物学的な要因が原因であろうと考えられています。

このようなことから、性同一性障害に対して、あなたは本来女なのに、心理的にそれを受け入れられないから、その障害になっているものを取り除きましょうという心理療法は、ほとんど無効です。またこのような心理療法は、受け入れられない性別を本人に強要する結果にもなりかねず、当事者の苦痛も大きい場合があり、むしろ害になるという考え方もあります。したがって、現在では、性同一性障害をもっている人はジェンダーマイノリティーとして、その生き方を社会が認める方向での、支持的なカウンセリングを行うのがよいと考えられています。

☑スポーツ参加と性別

スポーツにおいては、性同一性障害の問題は2つの意味をもっています。一つは、性同一性障害をもったアスリートの処遇について、もう一つは、性同一性障害がある場合に、どちらの性別の競技に参加するかという問題です。

最初の問題について、性同一性障害をもったアスリートがどの程度の割合でいるのかの統計はありません。このケースのように、多くのアスリートはそのことを明らかにしない場合も多いですし、自分ではっきりと性同一性障害と気づいていないこともあります。しかし、筆者は多くのFTMのケースを見てきました。またMTFのケースもあると思われます。どちらの場合もプライバシーの問題に十分配慮しながら、本人が何を望んでいるのかを丁寧に聞いて、それにふさわしい待遇をつくるようにできるサポートをするのがよいと思います。例えば、性同一性障害であることをチーム内で認められているアスリートであれば、着替えやシャワーや合宿の際の寝室を別にしたり、あるいは通常の女子の生活でもよいと考えているケースでは、通常通りの処遇でも構わないわけです。この判断は、実際は専門家によるカウンセリングを行った上でしたほうがよいかもしれませんが、専門家がいなければ信頼できるスポーツ指導者がその代わりをできる場合もあると思います。

この章のケースは、自分では周りへの働きかけを多くせず、静かに生活することを望んでいるアスリートです。このような人の場合は、個人的なカウンセリングでは、この問題を取り上げて話すことが、本人がこの問題についてよく理解し、自分自身での判断の材料を多くするという意味でよいわけですが、カウンセリング以外の場面では必要以上に介入しないほうがよいように思われます。むしろ、自分自身の特質を理解した上では、自分自身でうまく社会の中での適応方法、自分自身のスタイルをつくり上げていくように思います。必要があれば、いつでもサポートできるということを伝え、そのような関係をつくっておくということが最も大切でしょう。

一方、別の性別での競技参加についてですが、国際オリンピック委員会（ＩＯＣ）は、２００４年６月の理事会で性別適合手術を受けた選手の新たな性でのオリンピック参加を承認しました。専門家による協議の結果、（１）性別適合手術を受ける、（２）法的に新しい性となる、（３）適切なホルモン治療を受けて手術後２年間が経過している、という３点を満たせば、男女ともに有利不利の影響はないとの結論に達しました。また、2016年のリオデジャネイロオリンピックでは、MTF選手の女子競技への参加が緩和されました。オリンピック以外の競技大会では、必ずしもこのようなことがすべて認められているわけではありませんが、次第に性同一性障害の人たちの、自分の望む性別での競技参加への道が開かれつつあることは、カウンセラーも知っておくべきでしょう。

（内田　直）

第9章 失敗への不安が「当たり前」を邪魔する
——イップス

ケース⑨

夏の暑い日、とある高校のグラウンド。野球部の将平は、数週間後に開幕する夏の大会に向け、必死に汗を流している。ポジションはセカンドで、監督やチームメイトも絶大な信頼を寄せている。明るく責任感も強い性格で、チームの中心的な存在だ。

大会まで、練習試合は翌日行われる1試合のみ。将平はいつも以上に安定したプレーで、試合前日の準備はバッチリであった。

試合当日。2対1と1点リードし、最終回。あと3つのアウトをとればチームは勝利し、最高の形で大会を迎えることができる。ミスが許されない緊迫した状況の中、監督が檄を飛ばした。

「ミスは許されないぞ！」

将平はこころの中で繰り返した。

「失敗しないように丁寧に、丁寧に」

直後に、打球が将平のもとに飛んできた。ピッチャーが「よしっ！」と、アウトを確信する声を上げた。力のない打球は「コロコロ」と将平の正面に向かってきている。将平はその打球を見ながら、「慎重に」と言い聞かせ、捕球に成功した。しかし、わずか数メートル先で将平の送球を待つ一塁手を見た時、突然ある考えがよぎった。

「全員が、アウトになるって信じているな」

「こんな簡単なプレーを失敗するわけにはいかない」

「慎重に投げるぞ」

「腕をここまで上げて……」

「ここでボールを離す……。あっ」

将平の投げた球は一塁手のはるか上に逸れ、大暴投になってしまった。

「何やってるんだ！」

監督が、ベンチから将平を怒鳴りつけた。

将平は「次は失敗するわけにはいかない」と思い、「腕の角度が悪かったかな？」「球を離すのが早すぎたかな？」と原因を分析し、次のプレーに備えた。

しかし、次のプレーでも同様に大暴投をしてしまい、とうとう選手交代を告げられてしまった。

将平は頭が真っ白になり、状況を整理できずにいた。

●翌日に試合を振り返ると

将平は翌日の昼休みに、教室でチームメイトの一郎と前日の試合の話をしていた。
一郎「昨日はどうしたんだ？　最終回までは、まったく問題なかったのに」
将平「突然どうやって投げていたのか、わからなくなったんだ」
一郎「慎重になりすぎたんじゃない？」
将平「そうなのかな。体が固まったように動かなくなったんだよ」
その話を聞いていたテニス部の慶が、会話に参加してきた。
慶「その感覚、実は俺も悩んでいるんだ」

将平「えっ？　テニスでも同じようなことある
　　の？」

◉テニス部の慶

慶はテニス部のエース。大舞台での経験も豊富で、物応じしないメンタルの強さにも定評があった。

この学校は、学業にも力を入れていることから、テストの1週間前からすべての部活動が、活動を禁止されている。慶はそのテスト休み明けに、突然それまで経験したことのない感覚に襲われてしまった。

テストが終了し、慶は足早にコートに向かい、ウォーミングアップで、仲間と軽めの打ち合いを始めた。

練習相手が打ち、近づいて来る球を見ながら、慶は考えた。

「あれ？　ボールがどの辺に来た時に体を動かし始

めてたかな？」

「体のどこから動かし始めていたかな？」

「あ……」

慶が打った球は、大きく右に逸れた。

「慶らしくないぞ！　もう少し動き出しを早く！」

プレーを見ていた監督が、慶の方に駆け寄り、肘の角度や腰の回転方法など、動作を細かく指導した。

慶は監督の指導通り、動き出しを早くするよう意識した。しかし、今度はボールが到達する前にスイングしてしまい、空振り。体の動かし方を意識すればするほど、ぎこちない動きになってしまった。

その後もその状態は続き、調子を崩した慶は翌週の試合を欠場した。

◉競技を選ばないイップス

慶「と、こんな感じなんだ。」
将平「なるほど。競技は違うけど、何も考えずにできていた動作ができなくなってしまったというのは、俺が野球で感じたこととすごく似ている。不思議だよな」

慶「本当だよ、どこも痛くないし、テスト休み期間も空き時間に筋トレやランニングはしてるから、筋力が落ちたことが原因とも考えられないし」
将平「チームでは『メンタルが弱いな』と冷やかされて、散々だよ」
慶「俺は監督から『練習が足りない、技術不足だ』って怒られた」
すると、その話を近くで聞いていたゴルフ部の秀樹が言った。
秀樹「それ、イップスじゃないか？」
将平・慶「イップス？」
その時、休み時間の終わりを告げるチャイムが鳴った。

ポイント解説⑨

昨今、多くのスポーツ選手が、自らのイップス経験を公表し、頻繁にメディアで取り上げられたことで、イップスの認知度は急速に高まっています。

しかし、イップスは未だに謎だらけです。研究も遅れており、１９３０年代に活躍したアメリカのゴルファー、トミー・アーマーがパターの際に腕が震えてしまった現象を「子犬が鳴くよう（yip）だ」として、「ＹＩＰＳ（イップス）」と名付けて以来、90年近い歴史があるにも関わらず、イップスをテーマに含む文献はあまり多いとは言えません。

様々な競技の選手を悩ませている「イップス」とは、一体どんなものなのでしょうか。

☑正体を見せないイップス

スポーツに怪我はつきものです。怪我をして何が困るかと言えば、「いつも通りにプレーできなくなってしまうこと」でしょう。

怪我のほとんどは、レントゲンやMRIなどの画像診断が可能ですし、復帰までの期間も、ある程度見通しが立ちます。

しかしイップスは、「プレーがいつも通りにできなくなってしまう」という点では怪我と共通していますが、「画像に正体を見せない」という点で大きく異なります。将平と慶の会話にも「痛いところがない」という話がありましたが、痛みも画像所見もないこの「厄介さ」が、医療や研究分野がイップスに対して消極的な大きな要因の一つでしょう。

☑イップスって何？

ここで、イップスの認識を統一したいと思います。

学術分野では、イップスを「自動化した動作の遂行障害」と定義する研究者もいます。ここでは、この定義に沿って考えてみましょう。聞きなれない言葉だと思いますので、丁寧に順をおって説明します。

まずは、「自動化した動作」について。

人間は、様々な動作を学習します。その学習は一般的に三つの段階があると言われています。

第一段階が、「認知」です。

これは「視覚」を通して、動作をイメージする段階です。例えば、将平が初めて野球というものを見た時、「こんなふうにすればこの人たちと同じ動きになるかな」と頭にイメージした段階です。

第二段階が「習熟」です。

「ここをこう動かせばいいのかな」と認知して、実際に動作を繰り返し、認知とのズレを解消する段階です。まだこの段階では、動作を行いながら「こう動かそう」と意識しています。

そして、この運動学習の最終段階が「自動化」です。

「自動化」は、動作を行う際に「ここをこう動かそう」という意識をしなくても、無意識に「こう動いている」段階です。

将平は、幼い頃からの練習の繰り返しで送球に習熟し、何も考えなくても送球動作が行えるように、つまり自動化していました。

この運動学習は、スポーツに限ったものではありません。私たちの日常生活は、自動化した動作に溢れています。顔を洗う、歯を磨く……。当たり前のように行っている動作も、昔は誰かの模倣をして、何度も動作を行い、いつの間にか当たり前の動作になっている、という学習をしています。

これで、イップスの定義に出てきた「自動化した動作」をイメージしていただけましたでしょうか。

次に「遂行」は、簡単に言うと「行うこと」ですので、「遂行障害」とは「行えなくなる」ということです。

つまりイップスの定義をわかりやすく言うと、「何も考えずに行えていた動作が行えなくなってしまうこと」なのです。

☑「自動化」を邪魔する者の正体

「何も考えなくても行えていた動作が行えなくなってしまう」

なぜ、そんなことが起こるのでしょうか？

それは「何も考えなくても行えていた動作」を行う時に「『何か』を考えてしまうから」です。拍子抜けしてしまいそうな答えですが、実はこれは重要なキーワードなのです。自動化した動作の邪魔をする、『何か』の正体とは、一体何なのでしょうか。

その答えは、イップスに悩む選手へのヒアリングをした際に、よくある回答にあります。それは、「失敗に対する不安」です。

イップスが起こった場面の代表的な回答例は「目上の人の前」「大観衆の前」「一回失敗した直後」「成功して当たり前の簡単なプレーの際」など様々ですが、共通してその場面で「失敗」を強く意識していた傾向があります。

しかし、「失敗に対する不安」は、多くの人が経験するもの。

それにも関わらず、不安を感じた方すべてがイップスの症状に悩むわけではありません。

「失敗に対する不安」は、どのようにしてイップスに結びつくのかを考えていきましょう。

☑イップスの分かれ道

イップスの「原因」は「失敗に対する不安」、つまり「こころ」だとすると、「結果」は「動作」です。

失敗に対する不安を感じたとしても、それが動作に対して「悪さ」をしなければ、イップスは起こりません。

その「悪さ」の正体は「過剰な運動調節」です。過剰な運動調節とは、「体のここをこのタイミングでこう動かそう」のような意識を強くもちすぎてしまうことです。将平や慶も、失敗への不安から、体の動かし方を強く意識していました。

つまりイップスの定義をさらに深めると「失敗に対する不安を感じ、何も考えずに行っていた動作を過剰に調節して、動作ができなくなってしまうこと」と考えることができます。

そして、人間の身体で細かい調節が得意な部位は、背中や太ももなどの大きな部位ではなく、手首や指先など「末梢」と呼ばれる部位であり、「細かく調節しよう」と強く意識した時には、末梢部を使おうとする傾向があります。しかし自動化した動作は、習熟の過程を経て、意識しないからこそできるすばやい動作になっているため、過剰に末梢を意識して調節しようとしても、脳からの動作の指令は、「入り込む隙」がないのです。

実際、イップスに悩む人のほとんどが、動作時に指、手のひら、手首や前腕など、肘よりも先の部分に震えや硬直などの感覚を訴えます。末梢部分が、脳からの意識的な調整の指令と、無意識下の自動化した動作の間で「板挟み」になって、悲鳴を上げているような状態のようなものです。

また、自動化した動作は、ある意味熟練した動作であるため、イップスが競技レベルの高い選手に多いことも納得できます。私のもとに相談に訪れる選手たちも、高い割合で全国大会出場者をはじめ、競技歴が高い選手です。

こう考えると、将平がチームメイトから冷やかされた「メンタルが弱い」や、慶が監督から言われた「技術が足りない、練習不足だ」という言葉は、誤ったものになります。

☑改善方法は？

イップスの改善方法は、残念ながら確立されていません。

しかし、症状を整理し、考察していく中で、実際に効果が高かったものをご紹介させていただきます。

(1) 状況を整理する（セルフモニタリング）

イップスに悩む選手の多くは、突然起こったことに頭が真っ白になってしまいがちです。数秒前までできていた動作ができなくなってしまうわけですから、当然です。

症状が出てしまった直後には「自分は何もかもダメだ」と、必要以上に自分自身に対する評価（セルフエフィカシー）を下げてしまいがちです。そんな時に、できることとできないことを整理することが重要になります。

投球動作を例にとると、「シャドウピッチングはできるが、実際に投げることはできない」「同級生には投げることができるが、目上の人には投げることができない」などの分類をすることにあたります。

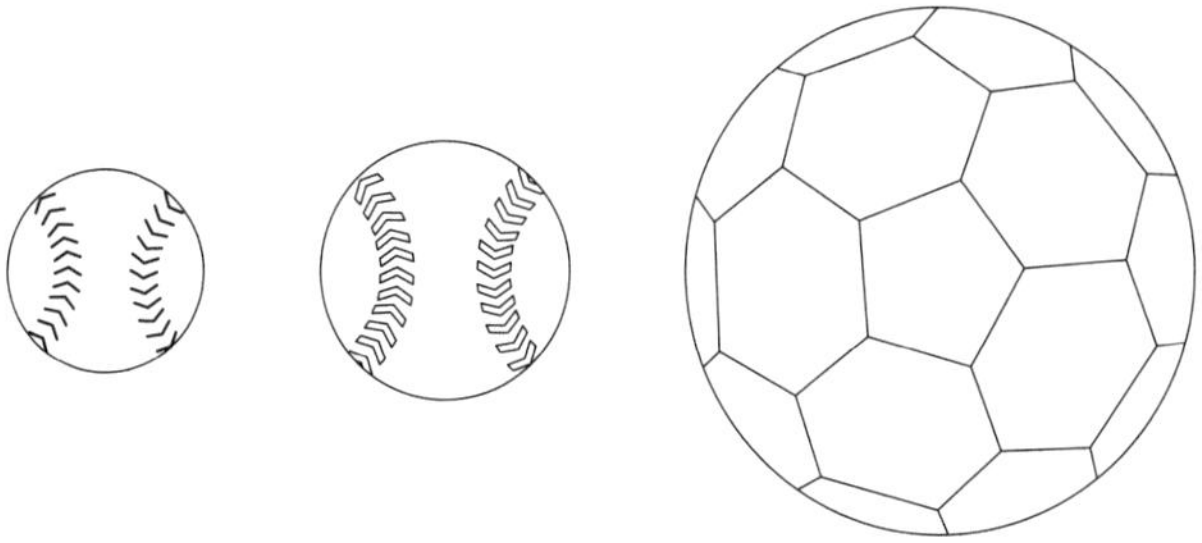

ボールの大きさとイップスには関係がある？

自分の行動や考え、感情を自分で記録すること（セルフモニタリング）により、客観的に自分の状況を把握することで、心理的にも楽になることが多いのです。

（2）成功体験を重ねる（セルフエフィカシーを高める）

　前項では、「できることとできないことを整理する」と述べました。整理をする基準として、もう一つ提案したいものが、扱う「道具」の大きさです。イップスは、細かい動作が得意な末梢部に震えや硬直などの症状が起こることが多いと述べました。そこで、その症状が出やすい末梢の動きを制限した状態をつくると、症状が抑制され、動作を遂行しやすくすることが多いのです。

　野球の場合、野球のボールよりも大きいハンドボールなどは、ボールを持つことで手首や指の動きが制限されやすいため、イップス特有の震えや硬直が起こりにくい傾向があります。私は大学時代に、野球、ソフトボール、ハンドボールの選手にアンケート調査を行いましたが、ボールが大きい競技ほど、イップスの認知度が低いという結果が出ました。

まずは、野球の選手でイップスに悩んでいる選手は、ハンドボールなどの大きいボールで、「ボールを投げる」という動作の成功体験を重ねることで、徐々に動作に対する不安が軽減してくることが期待できます。また、このような行動療法的アプローチから、低くなってしまっていた自分自身に対する評価も、高まることが期待できます。

ゴルフやテニスの場合は、いつもより太いグリップのクラブやラケットを用意して、試すとよいと思います。徐々に自信がついてきたら、通常のグリップに戻していくことで、症状が軽減されていくことが期待されます。このような行動療法と支持的カウンセリングの組み合わせが重要です。

☑隠さない、隠れない、隠れさせない

イップスは、ある時突然、そして誰にでも起こってしまうものです。

「メンタルが弱い」「技術不足」などの誤った認識が広まってしまっているため、周囲に相談しにくくなりがちですが、決して恥ずかしいものではないので、周囲に「隠さない」で、打ち明けてください。また、練習に参加するのも億劫になってしまいがちです。全体練習から離れ、一人で塞ぎ込んでしまう方もいるかもしれません。そんな時も、グラウンドの隅に「隠れな

い」で、チームの中で改善への取り組みをすることをお勧めします。さらに、イップスに悩む選手にとって、最も苦痛なことは周囲から冷やかされたり、叱られたりすることです。努力や技術が足りないことでイップスになるわけではありませんので、周囲の力で、イップスに悩んでいる選手を「隠れさせない」ことを望みます。

（石原　心）

第10章

自覚のないストレスが原因でお腹が痛くなった
——過敏性腸症候群

ケース⑩

修太は、柔道選手である。父親は警察官で、高校時代にはインターハイでも上位に入賞した、いわば柔道エリートである。修太も物心つかない頃から父親に柔道を仕込まれ、いつしか柔道では近所でも一目置かれるようになっていった。

こう書くといかにも厳しい父親のように聞こえるが、修太の父親は柔道場以外ではとても優しい、むしろ警察官らしくない気が弱いところも見せる人だった。職場で後輩から突き上げられ、家庭では母親の尻に敷かれる「かかあ天下」であった。そういう人柄が、人望を得ていたのかもしれない。胃が痛いなと笑いながら、胃薬を飲んでいる父親の姿は、今でも思いだすことができる。

◉柔道に打ち込む日々

そんな優しい父親の期待に添うべく、修太も柔道に打ち込んだ。試合に負けると勝ち気な母親は「気合い入っているの？」と突き上げてくるが、父親は「そういう時もあるよ」と鷹揚である。修太は、特にイライラしている時の母親がどうも苦手で、そういう状態の母から注意された時には、お腹のまわりが重くなることもまれにだがあった。

中学校、高校と、柔道が中心の生活だった、父親からは勉強も頑張りなさいという教えを受けていたので、学業も疎かにはしないよう努めていた。成績は特別上位というわけでもなかったが、柔道部の顧問の先生が修太の父親に世話になったという恩義もあり、進学に奔走してくれた。この先生の尽力のおかげと修太自身の成績も上向きだったこともあり、推薦枠で名の知られた大学に進学することができた。

上京し寮生活が始まったが、修太は口うるさい母親から距離がとれたことで、気が楽になったメリットを感じていた。練習も高校に比べれば厳しいが、自分の予想していたほどではなく、部員の先輩や同期にもすんなり馴染むことができた。

大学柔道部には、さすがに全国から選りすぐりの選手が集まっている。その中で修太は、決して抜きんでた実力ではなかったが、練習や試合でも手を抜くことなく手堅い成績を収め続けることができた。温和で人の話をよく聞くタイプだったこともあり、人望があったのも事実である。ただ、修太自身は、主将など部員をまとめる役割には、かなり苦手意識をもっていた。何より、人にものを頼むのが苦手である。高校の時も主将の話があったが、その時は自分より圧倒的にリーダーシップのある同期がいたので、その人に収まっただけだった。

◉主将就任を機に異変が起きる

2年生の秋を迎え、案の定監督から、次年度からの主将就任を打診された。高校の時は他に適任者がいたが、今回は見当たらない。引き受けたくないが、自分から見ても他の同期生は、マイペースだったり、主張が強すぎるなどの特徴があり、部をまとめて引っ張るという柄ではない。引き受けざるを得ない形で主将就任を受諾した。

実際に主将になってみると、今までは気にならなかったことが気になってくる。例えば、下級生の仲が悪いことだ。練習方針などを巡って2つの派閥に分かれて対立しており、犬猿の仲とまではいかないが、口もあまりきかない状態になっていた。個人戦ならばまだしも、団体戦ではコミュニケーションが十分とれなければ、信頼感や一体感が生まれてこない。

主将に就任して3か月ほど経った夏、いつもの練習がある日の朝だった。いつもと変わりない調子で起床した修太だったが、いつもと比べてお腹にガスがたまっている感触が強い。そのうちトイレに行けばスッキリするだろうぐらいの軽い気持ちで朝食をとり、玄関を出て駅に向かった。

すると改札を通ろうとする瞬間に、急に便意を催してきた。普段はないことなので、駅のトイレを探したが、男性トイレには数人の列ができている。いつもは駅のトイレなんて関係ないと、その行列を無関心に見ていた自分が当事者になるとは運が悪い、と思う修太だった。

幸いにも列は早く進み、修太はトイレに間に合った。下痢気味であったが、食べ物に当たったというような強い腹部の差し込みや痛みというほどではない。しかし、平素では経験しない便意に、やや戸惑いを感じざるを得なかった。

数日経って、大学の道場に向かおうとした時である。奇しくも、先日駅で経験したのと同じような腹部膨満感と便意が襲ってきた。道場は体育館に併設されており混んでもいないので、駅のようなトイレの心配はない。しかし、今度はトイレで排泄した後も、膨満感は残り、練習

中もずっと気になり集中力を明らかに欠く有様だった。修太自身は、何か食べ物のせいで胃腸が痛いんだぐらいに考えていた。

しかし、同じような腹部膨満、腹痛、下痢が、道場に向かう途中で決まって起こるようになってしまった。トイレで少しは良くなるのだが、根本的にはスッキリせず、また下痢をしてしまうのではという不安も重なり、練習の組み手にも力が入らない。駅でトイレに駆け込んだ日から一か月、ほぼ練習の日は同じようなお腹の不調に悩まされるようになっていった。体重も、測ってみたところ2kgほど減ってしまっている。

ただの消化不良か胃もたれ程度に思っていた監督も、さすがにこれだけの期間にわたって続くと、当然のことながら心配になる。土地勘がないので、どこの医者に行ったらいいのかわからない修太に、知り合いの消化器科の受診を勧めた。

「僕の教え子だと言ったら、丁寧に診てくれるよ」という監督の言葉に、安心する。食欲や体重はまったく問題はなかった。ただ、突然腹痛が起こるのが、一番の困ったことだ。自分の思うようにならないお腹の調子にさすがに不安になり、医療的な検査と診断を望んでいたのである。

修太自身は、自分は胃腸が弱いと思ったことはない。胃腸が弱かったのは、父親のほうだ。しかし冷静に考えてみると、自分は父親似だ。ストレスでお腹が痛くなりやすいのも、父親譲りなのかもしれない。ストレスと言えば、2年生の山川から生意気にも、「もっとリーダーシップを発揮して、あいつのわがまま何とかしてくださいよ」と突き上げられたのが、なんだかんだこころに引っかかっている。

「胃でも荒れているのかな」と、自分の胃の中を想像するのだった。

◉病院での診察

待合室での時間が、非常に長く感じられる。風邪で医者に行ったことは何回かあるが、喉の診察、聴診器を当てられて、風邪薬を処方されて終わるというパターンだった。今回は、なにせ初めての経験だ。しかも、上京してちゃんとした病院で診察してもらうのは、初めてである。

受付で保険証を提示して、初診アンケートの項目にチェックをしたのがもう20分ほど前だ。早く終わらせて、帰りたい。スマホで潰す時間も、いつもよりも長く感じられる。

ようやく修太の名前が呼ばれた。緊張して診察室に入ると、そこには利発そうな女性医師が座っていた。フレームレスのメガネをかけて、電子カルテ画面を凝視している。

「お腹の調子が良くないようですが、どうされましたか？」

とっつきにくそうな雰囲気とは対照的に、語り口は優しさがこもっているように修太は感じた。練習に行く際にガスがたまる、下痢気味になるなど、最近の状態を話した。

「ストレスはあるのかしら？」

単刀直入にストレスについてこう尋ねられたのは、意外にもこれが初めてだった。自分でも、特に主将で部をまとめていくストレスは常日頃感じているのだが、いざ他人に説明するとなると、うまく言葉がまとまらない。

部の主将でストレスがあるかもしれない、という主旨のことを言った記憶はあるが、しどろもどろとまではいかないまでも、上手に説明できたとはとても思えない。それでも、担当医師は話を聞いてくれた。

「ストレスもあるようですが、検査しないとちゃんとしたことはわかりませんね」

血液検査や検便、レントゲンなど、必要な検査項目の説明を受けたが、修太はストレスをう

まく言葉で表現できなかったことが引っかかってしまい、担当医師の説明にもやや上の空で聞いていた。ただ最後に「体重も減っているし、念のため、内視鏡もやっておきましょうか」という言葉には、反応した。大腸内視鏡はもちろん初めてであり、記憶では亡くなった祖父が、内視鏡でポリープが見つかったことを慌てて話していたことは、子どもながらにもなんとなく覚えている。「そこまで重症なのか」という不安も、当然ながら頭をよぎらなかったわけでもないが、医師にもっと詳しい説明を求める気力もなくなっていたのも事実だ。「わかりました」と言って、初回の診察は終了となった。

血液やレントゲンはまったく問題ない検査だったが、大腸内視鏡は苦痛だった。当然ながら、前日から食事は禁止となる。検査当日の朝から、下剤を服用して腸内をスッキリさせなければならない。空腹感でつい口にしたくなるのを、水を飲んで我慢するということが何度も続いた。

実際の検査も、予想通り楽ではなかった。実際の検査中も、息苦しく一刻も早く終わってほしいという一念で辛抱していたが、非常に長い時間に感じられた。つらい練習を耐えていた自分を思いだして、何とか耐えていたと言っていい。

◉意外な診断結果

検査から約半月後に、検査結果の説明が行われた。説明するのは、もちろん初診を担当した女性医師である。

目を細めて電子カルテ画面を見てとり、修太もその画面を一瞥した。大腸の内面らしい画像が見えたが、それが異常か正常かは、さっぱりわからない。

「良かったわね、異常はなかったですよ」

最初に結論を話した後、血液検査でも貧血はない、レントゲンも異常はない、特に内視鏡所見については「ガンや潰瘍性大腸炎という手のかかる病気も、なかったですよ」という補足の説明が続いた。修太にはわかりづらい専門用語も多少は入っていたが、それでも何も問題はないということがわかったので、安心して気の抜けた気持ちで説明を聞いていた。

「となると、やはりストレス性の可能性が強いわね。過敏性腸症候群という病気が一番疑わし

いです」

「過敏性腸症候群？」

思わず、担当医師に聞き返してしまった。異常がなければ、病気ではないと思っていたからである。

「その様子だと、初めて聞く病名でしょ。心配しないで、かなり患者さんは多いですから」

修太の動揺を見て安心させようと、とってつけた説明のような感がしないでもない。間髪入れず、医師は解説を続けた。

「精神的なストレスで、お腹の調子が悪くなる病気のことよ。下痢になるタイプもいれば、便秘になるタイプもいます。うちの病院の患者さんでも結構多いですよ、1割くらいはいるわね」

きょとんとしている修太を見て、医師はさらに説明を続けた。

「腸を整える薬があるので、まずはそれを飲んでみてください。でもそれだけでは不十分で、ストレス対策をしないとね。規則正しい生活習慣も大事だけれども、気分転換とか、自分の気持ちを誰かに話したりしてみないとね」

「自分の気持ちを話す、ですか……」

言われてみれば、自分のつらさや苦しさを誰かに話した記憶が、最近はあまりない。医師にストレスを説明してくださいと指示された時に、うまく説明できずに戸惑ってしまったことが思いだされた。自分の中にため込みすぎたのだろうか。

「……。やってみます」

できるかどうか自信はまったくなかったが、少なくともお腹の不調の原因ははっきりさせることができた。それだけでも、今まで重苦しかった生活に、薄日が差してきたような気がしてきたのは確かであった。

ポイント解説⑩

過敏性腸症候群（irritable bowel syndrome: IBS）とは、お腹が痛い、お腹が張るなどといった症状に加えて、下痢や便秘が数か月以上続く状態の時に、最も考えられる病気です。珍しいものではなく、およそ10％程度の人がこの病気であると言われています。命に関わる病気で

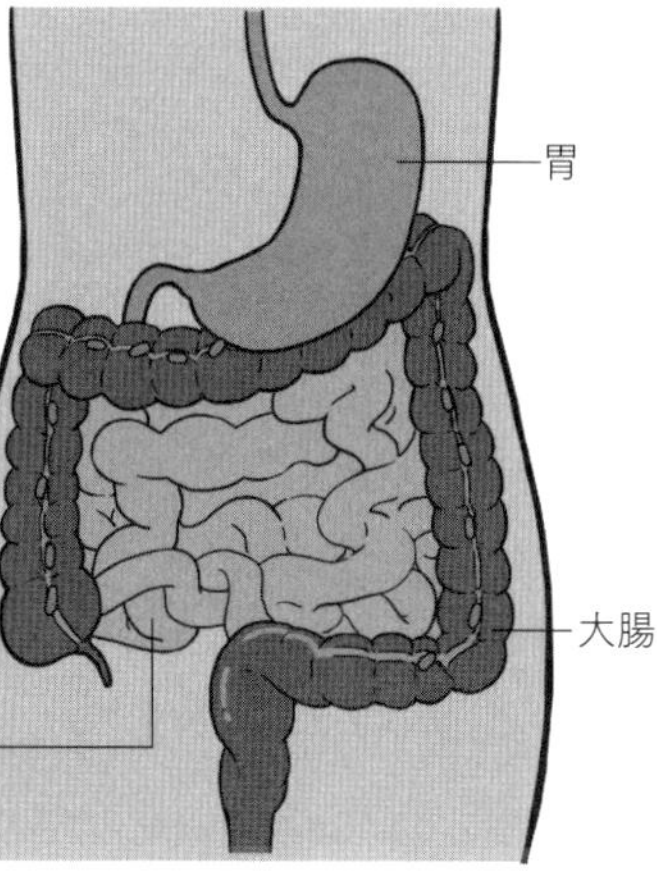

大腸は腹部にある大切な内臓

はありませんが、お腹の痛み、便秘・下痢、不安などの症状のために、日常生活に支障をきたすことが少なくありません。

過敏性腸症候群の原因は、ホルモンなどの関与も指摘されていますが、まだはっきりとは解明されていません。ただ、心理的ストレスが発病や経過に大きく関わっている可能性が高いことはわかっています。修太のケースでははっきりしませんでしたが、消化器症状だけでなく、頭痛、肩こり、動悸、めまいや抑うつ、不安、イライラ、不眠といった精神症状を伴うことも少なくありません。

過敏性腸症候群は、精神医学の診断では「身体症状症」に分類される病気です。簡単に言えば、ストレスが大きく関与する体の病気と言っていいでしょう。そのため、ストレスの管理や適切な生活習慣が維持できているかが重要となります。

精神科や心療内科を訪れる過敏性腸症候群の患者さんは、X線や大腸内視鏡など消化器系の検査をすでに受けていて、内科で処方された治療薬を飲んでいることが少なくありません。ただ身体の薬は服用していても、心理的ケアが不十分では、本質的な回復には至りません。生活習慣や考え方のクセが元のままで、ストレスを表現していた腹痛や下痢を薬で抑えてしまうと、身体の症状はますます悪化する、あるいは他の症状が出現する可能性もあります。

まずは大腸ガンや潰瘍性大腸炎など、腸関連の病気が本当にないか、検査で確認する必要があります。したがって、まずは消化器専門の治療機関を紹介することが重要です。ただそれだけではなく、心理的なケアが必要なことも説明しておき、場合によっては精神科・心療内科の治療を積極的に勧めたほうがいいでしょう。

（西多昌規）

第11章

忙しくて寝る暇を惜しんで頑張っていたら

――睡眠不足症候群

ケース⑪

智子は、これはオーバートレーニング症候群だと思った。これまであれだけ楽しいと思っていた、チアリーディングの練習がきついと思うようになってきた。どうもおかしい。友だちにも、「最近は疲れてるみたい。前みたいに元気ないね」などと言われる。しかし、このくらいのトレーニングは今まで、高校時代からもずっとやってきているので、特別ハードなトレーニングになったとも思えなかった。

◉子どもの頃からチアリーディングに夢中

智子が、チアリーディングを始めたのは小学生の頃だった。友だちが近くのスポーツクラブでチアリーディングができるということを探してきて、一緒に入ろうと誘われたのだった。智子は、チアリーディングのことはあまりよく知らなかったが、もともと体を動かすのは好きだ

ったし、仲の良い友だちの誘いだったので、一緒に参加すること自体も楽しみだった。母親も、スポーツ好きだったこともあり、勧めてくれた。クラブに入ると、途端にチアリーディングの虜になった。基礎練習は、きつい面もあったが何より楽しい。リズミックな音楽に合わせて体を動かすことの楽しみは、多少の辛さも何ということはなかった。小学校も高学年になると、コンテストなどもあり、それに向けてみんなで協力して練習をすることが何より楽しかったし、チームワークで演技ができ上がった時の連帯感は、何にも変えがたい喜びだった。

智子の家庭は教育熱心で、チアリーディングの練習をしながらも、中学受験をした。小学校高学年では、チアリーディングと勉強の両立が大変だったが、最後の半年はチアリーディングも休んで、勉強に打ち込むなどしたし、家族も協力してくれて中学受験は成功した。ただ、中学を選ぶ時には、チアリーディングのクラブがある中高一貫校を選んだ。

中学入学後は、高校受験がないということもあり、念願のチアリーディングクラブでトレーニングに専念できた。チアリーディングには、大きく競技チア（アクロバティックなスタンツがあるもの）とダンスチア（組技はなくダンスのみ）の2種類がある。中学生でも競技チアを行うクラブはあるが、智子の学校は、競技チアは行わず、ダンスチアを行っていた。このことは、智子も知っていて、ダンスチアにも競技大会があるので、これに向けて頑張った。学校も、もともと進学校でもあり、文武両道をモットーにして中高一貫教育を行っていた。高校に入っても、同じ仲間とダンスに励み、とても楽しい中高生活であった。クラブは、全国大会に出場するほどの力があったわけではなかったが、やはり連帯感をもって演技が完成した時は楽しかった。

智子は、高校3年生の後半からは受験勉強に励んだ。持ち前の集中力と体力で、志望校科目の実力はぐんぐんと伸びた。そして、翌年の大学入試では見事志望校に合格した。

●寝る間も惜しんで頑張る

大学入学後は、もちろんチアリーディングのクラブに入部した。大学のクラブは、高校までとは違い、アクロバティックなスタンツのある競技チアのクラブだ。大学のチアリーディングクラブの活動は、一つは応援団とともに活動して、大学の体育会競技部の公式戦などの応援を行う。チアリーディングは、特にアメリカンフットボールなどの競技では、ハーフタイムショーなどで活躍するが、大学のクラブは様々な競技の応援に出かけていく。特に伝統の対抗試合などがある時には応援に駆けつける。

高校時代までも、基礎トレーニングなどは行っていたが、大学はOGのコーチもおり、練習はしっかりしたメニューができていると思った。ウォームアップを行った後、持久走、柔軟体操、ジャンプトレーニング、筋トレ、逆立ちや、タンブリング（宙返りなど）などの練習があった。さらに、ポジションごとの練習があった。

練習にも次第に慣れてきたが、体力的にはなかなか大変である。智子の家は、大学へ通えない距離ではなかったが、通学には2時間以上を要した。大学の通学については、授業の選択などをすれば大丈夫かと思ったが、結構きつかった。特に1限がある時には、朝は5時台に起きなければならない。通学の電車は混んでいる。智子は、勤勉で、授業中に居眠りをするというタイプではなかった。授業は連続ではなかったが、必修の講義などもあり、忙しい。また、課題も多く自宅での作業もかなりあった。これに加えて、部活は月曜日がオフになるのみである。月曜日も授業がないわけではなく、土日は試合の応援や練習がほぼ確実に入っているので、むしろ平日よりも部活は忙しい。また、平日の練習でも1年生は、練習後の部活の片付けの当番

もあり、上級生よりも終了時刻は遅くなってしまう。時には、午後10時頃になることもあった。

このような状況から、結局智子が、家に帰るのは日付が変わることになってしまう。食事は友だちとしたり、家に帰ってから急いで食べたりという状況であった。それからお風呂に入って寝るのは、どんなに急いでも1時を過ぎてしまうことになった。1限がない日には、少し寝坊をするもののやはり睡眠時間は6時間を下回ってしまう。また、レポート課題などがあれば、これをやってから眠ることになるので、時には3時間くらいの睡眠で学校に行かざるを得ない日もあった。

◉ついに疲れが限界に……

夏休みまでは、何とか持ち前のスタミナで乗り切ったように思う。夏休みには、合宿などもあったが、むしろトレーニングに打ち込める期間でもあり、仲間とのコミュニケーションもできるようになり、楽しい時期でもあった。チームには溶け込み、高校までは経験の少なかったアクロバティックなスタンツも少し慣れてきたと思った。

　夏休みが終わり秋になった。大学には大分慣れて、友だちもできた。すっかりと大学生になったという気分であった。しかし、智子は少し元気がなかった。それは、また授業が始まると忙しい日々が待っているということを感じていたからだ。授業のスケジュールは相変わらずつまっていたし、部活で平日の夜は遅くなり、土日は試合の応援や練習がある状態も続いていた。9月の終わりから授業は始まったが、10月の半ばくらいになると、かなり疲れてきていると思った。トレーニング量は、決して多くなっているわけではないし、内容は高度になっていたものの、これくらいのトレーニングは、高校時代にも行っていたので、トレーニングによる疲れとは言えないと思った。しかし、朝は11月となればまだ暗い6時前に起床、準備をして家を出る。朝食はしっかりと食べるようにしていたが、大学への通学は2時間以上かかる。授業が終わると、部活が始まる。1年生なので、準備をして、練習が終われば、後片付けをする。家につくと真夜中で、それから課題を行う。次第に、気持ちは前向きになれなくなってきた。部活でも元気がなく、周りからも元気がないと次第に指摘されるようになってきた。

　ある日、集中力が十分でなく、トレーニング中にミスをおかした。大きな事故にはならなかったが、先輩からは注意を受けた。その日、家に帰るとその後で智子は号泣した。とにかく辛

かった。結局、翌日は大学には行けず、頭が痛いということで母親に話して、一日眠っていた。夕方まで眠ると、少し楽になった。それでも、前向きな気分にはなれず、その週は大学も部活も休むことになった。部活のマネージャーからは、欠席しているため心配する連絡もあったが、こういう理由で休んでいるという説明がうまくできず、体調が悪いということだけを伝えた。母親は心配して、内科を受診させたが、内科的には悪いところはないと言う。

その後、大学の授業には出るようになるが、部活はしばらく休むことにした。智子は、部活に出られない後ろめたさもあって、授業で部活の仲間に会うのは気まずかったが、仲間はとても親切にし、昼食を一緒に食べる中で、トレーナーに相談してはどうかとアドバイスしてくれた。部活にはトレーナーがいて、いろいろな健康管理に関わってくれる。

◉アドバイスに従って元気を取り戻す

トレーナーは、チアリーディングだけでなく、他の競技にも関わったことがあるOGで、とても親切に相談に乗ってくれ、スポーツドクターの内科の医者に相談するとよいとアドバイスをしてくれた。そのドクターは、オーバートレーニング症候群についての専門家で、経験をもっているということだった。

病院で、内科のスポーツドクターの先生に会うと、先生から智子は生活について詳しく質問された。チアリーディングを始めた頃のこと。中学高等学校の生活。大学に入ってからの生活などである。トレーニング量についても詳しく質問された。その中で、先生は智子が睡眠時間を削って生活をしていることに気づいた。また、夏休みには睡眠時間は比較的多くとっており、その時は体調は悪くなかったこと。再び大学が始まり、体調が徐々に悪化していったことなどである。

先生からは、しばらく体を休めた後に通学時間を短くすることを提案された。睡眠が十分でないために、こういった疲労が蓄積して練習が続けられない状態になっている。トレーニングに応じた休息がなければ、トレーニングは続けられないというようなことも、優しく丁寧に指導してくれた。智子も、そうかなと思い当たることがあった。

その後、智子は家族とも相談し、大学のそばの寮に入ることにした。自宅から通うことに比べて費用はかかるが、朝食と夕食はきちんと食べることができて、時に授業のない合間の時間に自分の部屋に戻って、昼寝をすることもできる。そうすると、みるみるうちに智子は元気になってきた。2年生になる頃には、中心的な選手として、部を支えるようにもなっていった。

ポイント解説⑪

スポーツ選手にとって、睡眠は欠かせないものです。生活の3要素として、運動、睡眠、食事が挙げられますが、これらによって健康が保たれるということを意味しています。スポーツ選手は、一般の人とは、比べ物にならない強度で長い時間の運動をしています。運動量が多いということは、これを支える疲労の回復要素も同様に、多くしなければならないということです。しかしながら、時にこれらについての認識は十分でないことがあります。

トレーニング現場の監督やコーチは、競技レベルの上昇を主として考えています。そのために、様々な科学的トレーニングを活かす新しい考え方をもった監督も、どのような基礎トレーニングが必要かというように、トレーニングという視点での指導は行いますが、トレーニング以外については、「しっかり休んでおけよ」というような声掛け以上のことは、ないことも多いと思います。選手たちは、厳しい合宿中などであれば、練習と練習の合間に昼寝をするなどをして、十分な疲労回復をする、食事を十分にとるなどして、トレーニング効果を上げるスケジュールが組まれています。また、指導者も合宿のような場面では、トレーニング以外の場面も観察できるでしょう。しかし、学生であれば授業期間中などでは、なかなかそれ以外の場面の様子を見ることはできません。実業団や、プロ選手であっても、選手の睡眠時間までをしっかりと把握している監督は多くはないのではないでしょうか。

☑睡眠不足がメンタルヘルスに悪影響を及ぼす

このケースは、明らかに睡眠時間が不足しているために、抑うつ状態を呈したケースです。こういったケースには、臨床心理学的カウンセリング治療は効果は限られています。本人も、どうして自分が元気が出なくなったのかはわからないこともあります。しっかりと、その中に問題を見つける視点で、生活の様子を聞くことが最も重要なことになるわけです。経験のあるスポーツドクターは、少なからずこのようなケースを経験しており、このような治療者に出会えれば、問題は解決する場合が多いと思います。このようなケースは、広い意味でのオーバートレーニング症候群と言えるかもしれませんが、実際はトレーニング過剰であるというよりも、疲労の回復が不十分であったケースです。

どんな人にとっても7～8時間睡眠がよいとは限らない。

☑適切な睡眠時間は人それぞれ

本章の筆者である内田らが行った調査でも、トレーニング量の多い合宿期はスポーツ選手の一日の睡眠時間は非常に長くなります。時に10時間近く眠る選手もいます。一方で、合宿が解散となると昼寝をできる時間がむしろ多くなっても、長く昼寝はせず一日の睡眠時間が減少するということもあります。

人の睡眠時間は様々な要素で決まってきます。したがって、一般的に何時間眠ればよいのですかという質問には、答えられません。平均すれば、7～8時間の睡眠をとっている人の健康度が高いということは知られていますが、これは、どんな人でも7～8時間の睡眠が最も適しているということではありません。スポーツ選手は、普通の人のような生活をしているわけではありません。一日の運動量は、一般の人に比べれば、とてつもなく多い時期もあります。そんな時に7〜8時間の睡眠がよいということにこだわって、長く眠らないようにするということは、むしろ疲労を蓄積させ、パフォーマンスを低下させることになります。さらには、今回のケースのように精神的にうつ状態になることもあります。

実際に、プロのアスリートであっても、テレビの健康番組で、過剰に眠らないほうがよいという情報を聞いたことから、睡眠時間が長くならないように自分で気をつけているという話を聞いたことがあります。そのアスリートも慢性の疲労を訴えていましたが、このような状態だと、日々のストレス度も高くなります。睡眠がとれていなければ、何でもない出来事にもイライラするということが起きてきます。競技の上での人間関係や、家庭内の出来事など様々なストレス事象は、実際の生活にはつきものです。そういったことは、ストレス事象自体の問題もありますが、一方でそれを感じ取るその人の生理的コンディションの問題もあります。その中で、体調というのは、思った以上に重要な役割をもっていると考えたほうがよいということは、確実なことだと思います。

（内田　直）

第12章 縁の下の力持ちとわかっていても——アスレティックトレーナーの悩み

ケース⑫

中学・高校とバスケをやってきた誠は、スポーツが大好きな若者だ。高校バスケ部では、トップチームとまではいかないものの、地区では中堅で、県大会に行くこともある。そんな中で、試合への出場機会は決して多くはないが、チームの中では頑張る仲間を支えていた。部活の生活は楽しく、将来は何かスポーツに関連した方向に進みたいとも考えていた。

高校3年の春の大会では、最上級生ということで試合にも出場したが、試合中に前十字靭帯を損傷する怪我を負ってしまった。整形外科医が適切に対応してくれ、手術の結果普段の生活は問題ないところまで回復した。その間、練習参加はできなかったが、松葉杖をついて、練習場には必ず行っていた。また試合では、選手たちに声援を送った。

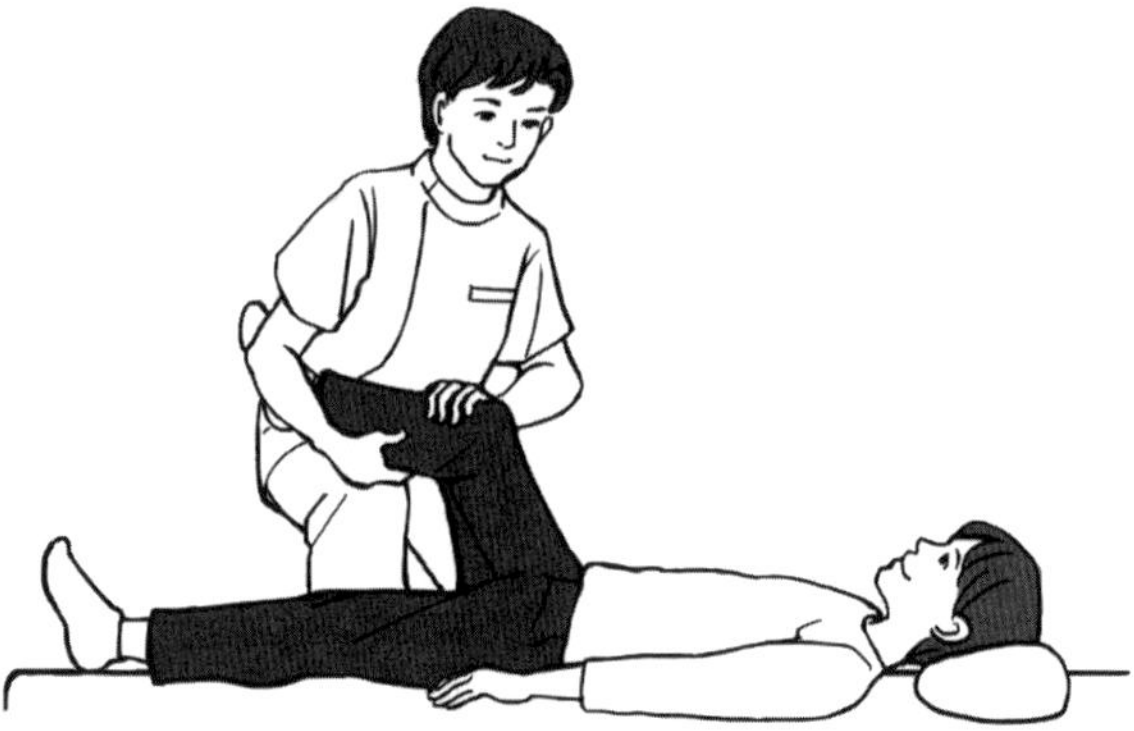

◉リハビリの経験を通して

そんな中で、ある整形外科のリハビリに通ったところ、そこはスポーツ整形外科も専門にしていた。試合で怪我をした誠にもにこやかに丁寧に対応してくれた。しっかりとリハビリをしていくことがとても大事だということも、その医者が説明してくれる。

リハビリでは、理学療法士が膝まわりの筋力をしっかりつけていくという指導をしてくれた。また、その理学療法士は週末には、バスケチームのサポートをしているということで、誠がバスケをしている話をすると、親しげにその話をしてくれた。選手が良い状態でプレーをするのに一番大切なのは、怪我をしない体をつくっていくことだと言う。そのためには、技術的なバスケのトレーニングだけではなく、バスケで使う筋肉がどのようなものなのかをよく知って、これを鍛える基礎トレーニングをすることも同じくらい大切だという話などをしてくれた。

秋になり、それぞれの進学を決める時期になってきた。誠の高校は、大学に進学する人が半分くらいで、あとは専門学校に行ったり、就職したりする。誠は、スポーツ関連の分野に進みたいという気持ちに変わりはなかったが、自分がスポーツを指導する仕事は難しいとも感じていた。そんな時に、整形外科のリハビリで聞いた話が、こころの中に残っていた。誠は、次第にアスレティックトレーナーになりたいと思うようになる。その中で、どうすればアスレティックトレーナーになれるのかということが疑問になり、かつて通院した整形外科の理学療法士を訪ねた。彼は、誠のことを覚えていて、仕事の後に時間をとって丁寧に話をしてくれた。また、自分が週末にサポートしているクラブの練習にも来てみたらどうかとも誘ってくれた。誠はとても嬉しくなり、ぜひ行きたいと答えた。

次の週末に彼は指定された体育館に出かけていった。早めに来たほうが良いと言われたので、まだ選手が全員集まる前に体育館に行ったところ、すでにその理学療法士は来ていて、誠に対して、これからやることなどを順番に話をしてくれた。選手が来ると忙しくなるので、選手が来たらそこの端に行って、見ているとよいと言われた。

その理学療法士の姿は、整形外科クリニックで見るのとはまたまったく別の様子だった。白衣は着ておらず、おそろいのジャージに身を包んでいる。そして、腰にはバッグを下げていて、

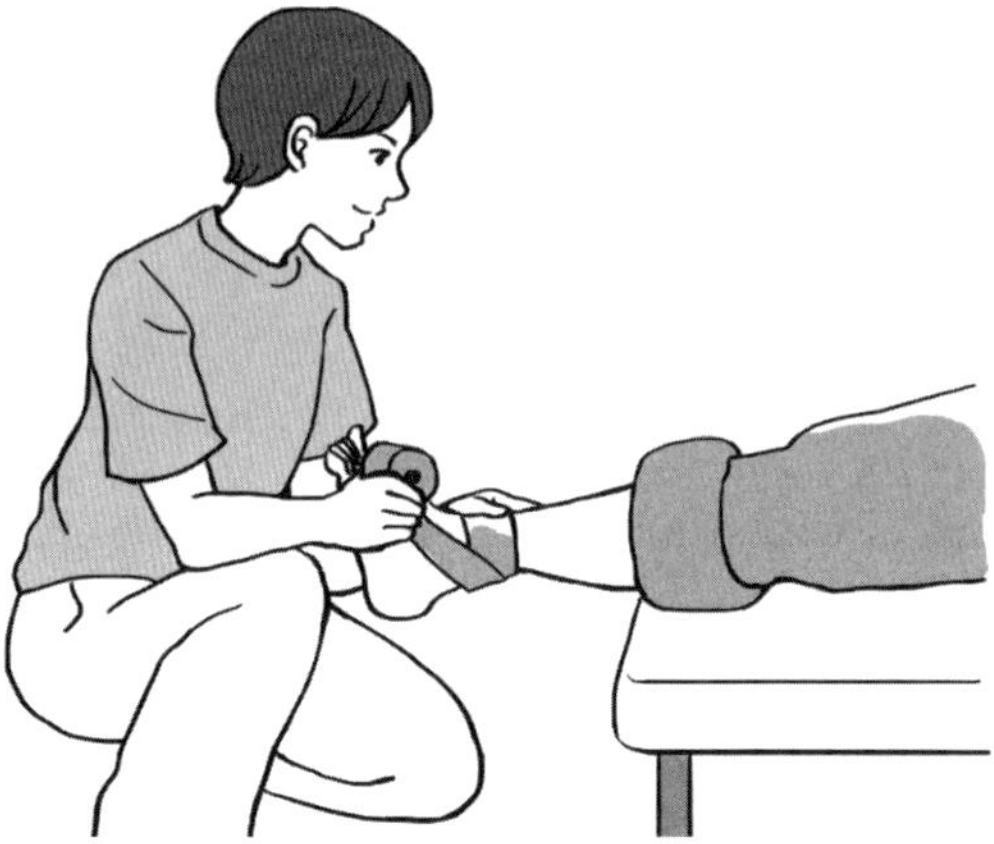

次々に来る選手に対して、テキパキとテーピングをした。また、選手のコンディションについても、その中で把握しているようである。その日は、練習であったが、ミニゲームで軽く打撲をした選手がいた。その選手に対しても、専用の器具を使って、手際よくアイシングするなど、その姿に誠はすっかり見入ってしまった。

その後、誠はアスレティックトレーナーについて調べた。アスレティックトレーナーは、国家資格ではなく日本スポーツ協会（旧日本体育協会）の資格であること、また実際に医療に関わるためには、柔道整復師や理学療法士などの資格が必要であることなどである。いろいろと考えた末に、誠は柔道整復師の専門資格の取得を目指しながら、トレーナーの知識も身に付く専門学校を見つけることができた。

両親は、アスレティックトレーナーがどんな仕事かはわからなかったが、柔道整復師は、整骨院などで仕事をするということは理解したので、このような仕事で身を立てていくということについては、賛成してくれた。そして両親は、自分がどうやって生きていくのかについては、しっかりと考えなさいとアドバイスをしてくれた。一方、誠の家は兄弟も多く、比較的高い学費をすべて負担するというのは難しい。誠は、アルバイトをして学費は自分も負担していくということを約束し、両親は専門学校に進むことについて、賛成してくれた。

◉現場で知る仕事の厳しさ

誠は、目的をもって勉強するということがとても楽しかった。高校生活は楽しかったが、勉強が本当に楽しいという気持ちは、正直なところあまりなかった。しかし、今の勉強は本当に、自分のためになる。そして、自分の知識が選手のためになるということで、とてもやりがいがある仕事を見つけたと嬉しかった。専門学校に行っている間も、週末などに時々アスレティックトレーナーの仕事を手伝わせてもらったが、一方で学費を稼ぐためのアルバイトもしなければならず、思うように経験を積むことは難しかった。

まだ、資格はないが、アスレティックトレーナーの仕事はやりがいはあった。しかし、誠が入ったチームは、トレーナーの仕事もかなり組織だっていてチーフトレーナーは厳しかった。

誠は、真面目に仕事に取り組むが、学校で習うこととそれを実践で活かすことには違いがある。また、手技も遅く、テキパキできているとは言いがたい。また、選手からすると、やはり経験のあるトレーナーにケアしてもらいたいということもある。そういう時に、チーフトレーナーや先輩のトレーナー、また、選手からも厳しい言葉をかけられることも多かった。また、経験を積んでチーム内で評価されなければという気持ちがある一方で、どうしてもアルバイトをしなければならないという状況もあった。そういった中で、次第に誠の気持ちは落ち込みがちになっていった。

また、その中で何より感じたのは、アスレティックトレーナーは、スポーツを縁の下から支える役割だということである。しかしながら、その役割が十分に周りに理解されているとは言いがたい。競技に関連したフィジカルトレーナーは、監督やコーチもその役割を認識して重要視しているが、すべての監督がトレーナーについて大切な役割をもっていると考えているわけでもない。そういう中で、チーフのアスレティックトレーナーも、その役割を強く認識してもらうため懸命に努力している。しかし、テーピングなどで失敗があれば、選手から様々なクレームが出ることもある。その結果、ストレスを強く感じてやめていくアスレティックトレーナーもいた。

誠は、へこたれることはなかったが、一方で自分がどうやって生きていくのがよいだろうか

アスレティックトレーナーの役割

スポーツドクターおよびコーチとの緊密な協力のもとに、競技者の健康管理、外傷・障害予防、スポーツ外傷・障害の救急処置、アスレティックリハビリテーションおよびトレーニング、コンディショニング等にあたる。

（日本スポーツ協会のホームページより）

ということについては、次第に冷静に考えるようになった。また、専門学校で勉強している柔道整復師の勉強がとても大事だということは非常によくわかってきた。両親が、どうやって生きていくのかについてよく考えるようにアドバイスしてくれたことについても、理解をした。そういった中で、どういうスタイルで、自分のアスレティックトレーナーとしての夢を実現していくのかを考えている。

ポイント解説⑫

アスレティックトレーナーを志望する人は、最近はずいぶん多くなってきたように思われます。アスレティックトレーナーの役割は、日本スポーツ協会のホームページに示されているように、スポーツ活動にとってとても重要なものです。しかしながら、アスレティックトレーナーは、選手のように注目されることは少なく、また時には、スポーツ指導者からは、まだ十分に認識されていないように思われることもあります。

これは、競技に関わって生活をしていこうとしている人たち全般に言えることで、特にアスレティックトレーナーにだけ起こる問題ではないとも思います。しかしながら、アスレティックトレーナーとして実力があっても、競技力向上に直接関わらないという点で、時に厳しい労働環境で仕事をさせられるということもあるようにも思います。

アスレティックトレーナーを、ここで取り上げたのは、スポーツに関わるすべての人たちのメンタルヘルスについて、十分に配慮していくということが重要であると言うことを強調したかったからです。近年は、様々な競技で、ハラスメントや組織の問題が取り上げられています。競技力向上のためには、何をしてもよいということが誤っていることは、誰でもわかっていると思います。しかしながら、現場ではその組織の雰囲気の中で、そのような問題のある行動が、日常の中の普通のことになってしまうことは、とても恐ろしいことです。

それは選手だけの問題でなく、それを取り巻く指導者や、サポートスタッフ全員に当てはまることだということです。競技をするのはアスリートですが、これを指導する、支えていく人たちの中でアスリートは最高のパフォーマンスを発揮します。このために、すべての関係者が極限の努力をすることが必要です。しかし、その中でそれぞれの関わる人の背景にある基盤を含めて、それぞれの構成者が前向きな意欲をもって競技力向上に貢献できるようなスポーツ文化をつくっていくことは、とても大事なことであると思います。

（内田　直）

・Wylleman P, Reints A (2010) A lifespan perspective on the career of talented and elite athletes: perspectives on high-intensity sports. Scand J Med Sci Sports, Suppl 2: 88–94.

・豊田則成（2012）トップアスリートのキャリアトランジション．体育の科学，62（8）：590–594.
・中込四郎（2012）競技引退後の精神内界の適応．スポーツ心理学研究，39（1）：31–46.
・成重竜一郎（2015）多動性障害（注意欠如／多動性障害 ADHD）．臨床精神医学，46（10）：1219–1224, 2017.
・日本スポーツ振興センター（2014）デュアルキャリアに関する調査研究報告書 平成26年.
・日本精神神経学会 日本語版用語監修，高橋三郎・大野裕 監訳（2014）．DSM–5 精神疾患の診断・統計マニュアル，pp. 338–339，医学書院.
・能瀬さやか他（2018）Health Management for Female Athletes Ver. 3—女性アスリートのための月経対策ハンドブック—，p. 115，東京大学附属女性診療科・産科.
・村上佳津美（2017）注意欠如・多動症（ADHD）特性の理解．心身医学，57（1）：27–38.
・村瀬孝雄（1983）思春期の諸相．飯田誠他 編，岩波講座 精神の科学6 ライフサイクル，pp. 141–190，岩波書店.
・De Souza MJ et al.（2014）2014 Female Athlete Triad Coalition Consensus Statement on Treatment and Return to Play of the Female Athlete Triad: 1st International Conference held in San Francisco, California, May 2012 and 2nd International Conference held in Indianapolis , Indiana, May 2013. Br J Sports Med, 48（4）: 289.
・Torstveit MK, et al.（2005）The female athlete triad exists in both elite athletes and controls. Med Sci Sports Exerc, 37（9）: 1449–1459.
・Wylleman P, De Knop P, Reints A（2011）Transitions in competitive sports. Holt, NL, Talbot, M.（ed.）Lifelong Engagement in Sport and Physical Activity, Routledge, pp. 63–76.

引用・参考文献

・上原　徹（2011）スポーツと摂食障害．臨床精神医学，40（9）：1179–1185.
・内田　直監修・石原　心著（2017）イップス，大修館書店.
・江田香織・関口邦子・秋葉茂季（2017）来談する思春期トップアスリートの心理的特徴および心理的発達過程．スポーツ精神医学，14：13–26.
・岡本祐子（1997）中年からのアイデンティティ発達の心理学—成人期・老年期の心の発達とともに生きることの意味，pp. 76–88，pp. 170–173，ナカニシヤ出版.
・蒲生裕司（2017）アスリートがギャンブルにのめり込むのは本当に心が弱いからなのか？　スポーツ精神医学，14：4–6.
・川原　貴（1990）オーバートレーニングの概念と臨床像，臨床スポーツ医学，7（5）：537–541.
・岸　順治（2008）バーンアウト：臨床モデル．スポーツ心理学会 編，スポーツ心理学事典，p. 616，大修館書店.
・切池信夫（2015）クリニックで診る摂食障害，pp. 197–199，医学書院.
・讃岐真佐子（1998）Ⅶ 思春期の始期—眠り・秘密の意味—思春期前半．小川捷之 編，心理臨床入門Ⅰ　臨床心理学の基礎，pp. 159–189，山王出版.
・田中康雄（2008）軽度発達障害，金剛出版.
・豊田則成・中込四郎（2000）競技引退に伴って体験されるアスリートのアイデンティティ再体制化の検討．体育学研究，45（3）：315–332.
・豊田則成（2001）競技引退に伴う心理的問題と対策．体育の科学，51（5）：368–373.

著者

西多昌規（にしだ まさき）　［第5、10章］
東京医科歯科大学卒業。医学博士。現在、早稲田大学スポーツ科学学術院・准教授。精神科医。著書として、『自分の「異常性」に気づかない人たち 病識と否認の心理』（草思社）、『休む技術』（大和書房）ほか多数。

関口邦子（せきぐち くにこ）　［第1、3、6、7章］
早稲田大学卒業、昭和女子大学大学院修了。現在、国立スポーツ科学センター（JISS）メディカルセンターおよび目黒駅前メンタルクリニック勤務。東京都スクールカウンセラー。臨床心理士、公認心理師。

石原　心（いしはら しん）　［第9章］
早稲田大学スポーツ科学部卒業。現在、ハバナトレーナーズルーム恵比寿・代表。鍼灸師、あん摩マッサージ指圧師、日本トレーニング指導者協会公認トレーニング指導者（JATI-ATI）。著書として、『イップス―スポーツ選手を悩ます謎の症状に挑む』（大修館書店）。

編著者

内田　直（うちだ すなお）　［第2、4、8、11、12章］

1956年生まれ。滋賀医科大学卒業。医学博士。東京医科歯科大学・医員、カリフォルニア大学ディビス校・客員研究員、東京都精神医学研究所睡眠障害研究部門・部門長、早稲田大学スポーツ科学学術院・教授などを経て、現在、早稲田大学名誉教授。精神科医。

日本スポーツ精神医学会・理事長。日本体育協会認定スポーツドクター。すなおクリニック（さいたま市）・院長。

著書として、『スポーツカウンセリング入門』『好きになる睡眠医学 第2版』（講談社サイエンティフィク）、『安眠の科学』（日刊工業新聞社）ほか多数。

本書内で示したケースは、すべて架空の症例です。
実在の人物・組織などには一切関係がありません。

アスリートのメンタルケア
選手《せんしゅ》の心《こころ》の悩《なや》みケースブック

NDC780／ix, 147p／19cm

初版第1刷──2020年4月20日

編著者──内田《うちだ》　直《すなお》
著者──西多昌規《にしだまさき》／関口邦子《せきぐちくにこ》／石原《いしはら》　心《しん》
発行者──鈴木一行
発行所──株式会社 大修館書店
〒113-8541 東京都文京区湯島 2-1-1
電話 03-3868-2651（販売部） 03-3868-2297（編集部）
振替 00190-7-40504
［出版情報］https://www.taishukan.co.jp

印刷所──精興社
イラスト──イナアキコ
製本所──ブロケード

ISBN978-4-469-26885-0　Printed in Japan